CURANDO RELACIONAMENTOS FERIDOS

CB124561

Coleção PSICOLOGIA E EDUCAÇÃO

- *Crescer como pessoa*, Serafín R. González
- *O imaginário da criança dentro de nós: através da literatura e da arteterapia*, Mônica Guttmann
- *Curando relacionamentos feridos*, Martin H. Padovani

MARTIN H. PADOVANI

CURANDO RELACIONAMENTOS FERIDOS

PAULUS

Título original: *Healing Wounded Relationships*
© Twenty-Third Publications - A division of Bayard, 2006
One Montauk Avenue, Suite 200, New London, CT 06320
ISBN 978-1-58595-507-7

Tradução: *Claudia Gerpe Duarte*

Direção editorial: *Zolferino Tonon*
Coordenação editorial: *Antonio Iraildo Alves de Brito*
Assistente editorial: *Jacqueline Mendes Fontes*
Revisão: *Caio Pereira*
Cícera Gabriela Sousa Bezerra
Diagramação: *Dirlene França Nobre da Silva*
Capa: *Marcelo Campanhã*
Impressão e acabamento: PAULUS

Dados Internacionais de Catalogação na Publicação (CIP)
(Câmara Brasileira do Livro, SP, Brasil)

Padovani, Martin H.
Curando relacionamentos feridos / Martin H. Padovani; [traduzido por Claudia Gerpe Duarte]. — São Paulo: Paulus, 2012. — (Coleção Psicologia e educação)
Título original: Healing wounded relationships

ISBN 978-85-349-3300-1

1. Casais - Relações interpessoais 2. Casamento - Aspectos religiosos - Cristianismo 3. Casamento - Ensino bíblico 4. Comunicação no casamento 5. Conflitos matrimoniais 6. Perdão - Aspectos religiosos - Cristianismo I. Título. II. Série.

12-02107 CDD-248.844

Índices para catálogo sistemático:
1. Conflitos: Solução: Relacionamento conjugal: Vida cristã 248.844

1ª edição, 2012

© PAULUS – 2012
Rua Francisco Cruz, 229
04117-091 – São Paulo (Brasil)
Tel.: (11) 5087-3700
Fax: (11) 5579-3627
www.paulus.com.br
editorial@paulus.com.br

ISBN 978-85-349-3300-1

DEDICATÓRIA

Para: Maria, Mãe de Jesus,
Viola, Brando, Lyonel

Ele me enviou para levar
as boas novas para os necessitados,
e para curar corações partidos.
Isaías 61,1

AGRADECIMENTOS

Muitas pessoas leram o meu primeiro livro, *Curando emoções feridas.* Muitos leitores insistiram em que eu escrevesse uma continuação da obra. Quando essa continuação, *Curando relacionamentos feridos,* vê a luz do dia, agradeço a esses leitores pelo seu apoio e estímulo.

Agradeço continuamente a Rosemary, minha colaboradora há quarenta anos, que me ofereceu a sua sabedoria, desafios, análise crítica e um fiel apoio para que eu escrevesse com mais eficácia e concluísse *Curando relacionamentos feridos.*

Sou grato ao Padre Patrick Connor, SVD, meu amigo e mais prestativo editor, que destemida e arduamente avançou pelo texto. Sempre me lembrarei das suas valiosas críticas, conselhos e estímulo.

Agradeço à Irmã Florence, OSC, e à Irmã Donna, OSC, ambas do Monastério Poor Clare, Chesterfield, NJ, que transcreveram as minhas fitas de áudio. Elas sempre ratificavam o que ouviam e executavam alegremente a sua tediosa tarefa.

Sou grato ao meu fiel amigo, David, pela sua ajuda na preparação da versão preliminar dos capítulos para que fosse apresentada à editora.

Sou grato também a outro amigo, Padre Jefferson C. Pool, SVD, que ofereceu conselhos técnicos de computador.

Finalmente, tenho uma profunda dívida de gratidão para com centenas de pessoas que, ao longo dos últimos trinta e quatro anos, confiaram em mim o suficiente para compartilhar comigo as suas dolorosas histórias. Percorremos juntos por suas vidas em busca de cura e significado. Devido à coragem que demonstraram ao examinar seu íntimo, pude tornar seus vislumbres disponíveis nestas páginas para beneficiar outras pessoas que estão em busca de paz interior e cura.

INTRODUÇÃO

O objetivo do meu primeiro livro, *Curando emoções feridas,* foi ajudar a corrigir qualquer equívoco e agir contra a desinformação que existe a respeito da nossa natureza humana, especialmente das nossas emoções. O modo de pensar errôneo nessa área afeta muitas pessoas, inclusive as religiosas. O livro foi uma tentativa de modificar as atitudes negativas que temos com relação aos nossos sentimentos e nos dar permissão para sentir o que quer que possamos sentir.

A outra meta de *Curando emoções feridas* foi ajudar os leitores a integrar o aspecto emocional com o espiritual, ou, por assim dizer, o psicológico com o religioso, e eliminar a aparente contradição entre os dois. Ressaltei que a espiritualidade genuína está radicada na nossa capacidade de sermos plenamente humanos. O sucesso do livro ultrapassou as minhas expectativas, de modo que as pessoas passaram continuamente a me estimular a escrever uma continuação.

Curando relacionamentos feridos é essa continuação. O livro examina os múltiplos aspectos dos nossos relacionamentos humanos, especialmente os mais próximos e pessoais, e tenta apresentar as informações e os esclarecimentos necessários para que eles sobrevivam e se desenvolvam no mundo de hoje. É somente com essas informações que os equívocos e as informações errôneas podem ser evitados.

Na minha função de conselheiro matrimonial, vejo diariamente os mesmos equívocos a respeito dos relacionamentos sendo passados de uma geração para outra. Observo casais iniciando a vida conjugal com a mesma bagagem desastrosa que os seus pais levaram para o casamento. O sofrimento desnecessário que se origina disso tudo não precisa existir. Para evitá-lo, precisamos de um sólido programa educacional sobre o que gera bons relacionamentos, o que faz com que eles deem certo, como se comunicar dentro deles, a necessidade do conflito, e aprender o que é a intimidade. As informações a que estou me referindo estão hoje abundantemente disponíveis, mas não estão sendo disseminadas nas nossas escolas, igrejas e universidades. Será somente por meio da educação nesses assuntos que, por exemplo, reduziremos a taxa de divórcio, que está causando danos à nossa sociedade.

Jesus tornou-se um ser humano. Ele integrou o humano e o espiritual. Ele nos ensinou a sermos humanos e nos relacionar. Os Evangelhos tratam dos relacionamentos. Jesus, como diz Paulo, tornou-se um de nós para que pudéssemos vir a ser mais como ele. Ele nos disse para amar a Deus e ao próximo como a nós mesmos. Ele nos mostrou que, se não amarmos a nós mesmos, não poderemos genuinamente amar outra pessoa, nem mesmo Deus. Mas adivinhe só. 2.000 anos depois, ainda não entendemos isso quando se trata de formar relacionamentos saudáveis. Espero que este livro ajude os leitores a "entender" e perceber, entre outras coisas, que se não formos completamente humanos, não poderemos verdadeiramente amar ou desenvolver uma autêntica espiritualidade.

1.

COMUNICAÇÃO

A cura dos relacionamentos feridos precisa começar com a comunicação. Em todos os relacionamentos problemáticos, especialmente no casamento e na família, as questões envolvidas podem ser numerosas: crianças, finanças, sexo, a família imediata do cônjuge, animais de estimação. Os equívocos podem ser esmagadores, as interpretações, errôneas, frustrantes. Mas independentemente de quais possam ser as dificuldades e as diferenças, o problema fundamental é geralmente o colapso ou a ausência de uma comunicação eficaz. Não estamos em contato um com o outro; estamos fora de sintonia um com o outro. Por conseguinte, não podemos conhecer um ao outro.

A tragédia é que não compreendemos que um dos mais poderosos e belos dons humanos que possuímos é a capacidade de comunicação. Vivemos em uma época de alta tecnologia, com métodos sofisticados que possibilitam que nos comuniquemos com qualquer pessoa em qualquer lugar do mundo; podemos tomar conhecimento quase instantaneamente das tragédias e triunfos que estão tendo lugar em toda parte, mas ainda temos problemas para entrar em contato uns com os outros na nossa vida pessoal.

Fomos criados para nos comunicarmos. Fomos equipados com uma voz, língua, lábios, ouvidos, expressões faciais e movimentos corporais para expressar o que pensamos e sentimos. Fomos criados à imagem e semelhança de Deus. Nós nos referimos à Bíblia como o livro da revelação, no qual Deus se revela no poder e na beleza da criação e no coração de todos os que o ouvem. Na realidade, Deus nos chama para ter um relacionamento com ele, pedindo a nós que nos revelemos para ele.

A maneira mais clara de pensar na Trindade é pensar em função de relacionamentos: três pessoas – o Pai, o Filho e o Espírito Santo – que interagem e se comunicam estreitamente umas com as outras. Além disso, grande parte dos ensinamentos e da vida de Jesus diz respeito ao relacionamento e à comunicação.

Deus nos chama para que nos revelemos a ele. Fazemos isso na oração. Na realidade, um dos grandes desafios de ser cristão é desenvolver e alimentar relacionamentos. Afinal, não é nisso que consiste a espiritualidade humana, em amar a Deus e ao próximo? Isso só pode ser realizado se as pessoas estiverem dispostas a conversar umas com as outras. Na ausência da comunicação, não podemos ter um relacionamento; sem um relacionamento, não podemos ter amor. "Falai a verdade uns para os outros no amor, para que possais crescer em Cristo" (Efésios 4,15).

O objetivo básico da comunicação é a revelação, não a resolução. Muitas pessoas abandonam a tentativa de se comunicar, dizendo: "De que adianta conversar? Não estamos resolvendo nada". Se a resolução for a meta principal da comunicação, não chegaremos a lugar algum. Se a revelação for a meta, então temos a esperança e a possibilidade da resolução. Na maioria das vezes, dentro da revelação que fazemos para outra pessoa reside a resolução dos nossos problemas, porque, por meio da revelação, alcançamos o entendimento um do outro.

Uma definição funcional da comunicação pessoal é revelar quem eu sou para outra pessoa. Revelo o que percebo, penso, sinto e preciso. Essa comunicação pode ser muito difícil e também ameaçadora, porque ela significa que estou me abrindo para outra pessoa. Não estamos falando aqui a respeito da comunicação costumeira entre amigos casuais, vizinhos ou colegas de trabalho, e sim de relacionamentos mais próximos e mais íntimos, especialmente dos que têm lugar no casamento e na família. Essa comunicação requer uma abertura e uma sinceridade muito mais profundas, uma comunicação que precisa ser clara e direta.

Falai a verdade uns para os outros no amor.

É com esse tipo de comunicação que desenvolvemos a confiança e formamos relacionamentos confiantes. O relacionamento amoroso se baseia na confiança. Esse conceito não é bem compreendido na nossa sociedade. As pessoas frequentemente falam sobre o amor, mas o que elas têm em mente quando se referem a esse sentimento é ingênuo e superficial, porque não se baseia na confiança. É por esse motivo que tantos na nossa sociedade são céticos e perguntam: "O que é o amor?". Eles foram enganados e magoados por alguém que declarou impensadamente: "Eu te amo". Eles saíram perdendo no amor porque nunca desenvolveram relacionamentos confiantes, que precisam se basear na comunicação aberta e sincera.

Esse tipo de relacionamento confiante significa ser capaz de compartilhar profundamente não apenas o que eu penso e percebo, mas o que eu sinto e preciso. É claro que eu posso lhe dizer que a sua decisão de sair cedo de um jantar foi impulsiva, mas também sou capaz de lhe informar que fiquei magoado e zangado por você ter feito isso? Essa última abordagem é muito mais arriscada, de modo que temos a tendência a eliminar essa abertura e sinceridade, de modo que nunca transmitimos a verdadeira mensagem a nosso respeito para a outra pessoa. A mensagem é incompleta e faz com que o outro seja privado de uma importante informação, ou seja, que estamos magoados e zangados.

Essa comunicação incompleta ao longo de um intervalo de tempo tende a distanciar as pessoas umas das outras. Elas não se conhecem e vivem em uma atmosfera de mágoa, raiva e frustração não resolvidas, que gradualmente desgasta o relacionamento. A possibilidade de uma aproximação lhes escapa. Quando isso acontece, as pessoas com frequência dizem que não estão mais apaixonadas, mas trata-se muito mais de uma questão de ter perdido a conexão uma com a outra.

Quantos casamentos, famílias e amizades íntimas na nossa sociedade acabam ou nunca atingem o seu potencial porque as pessoas não sabem como se comunicar ou evitam a verdadeira comunicação por sentir medo?

Podemos temer a comunicação sincera. Receamos a rejeição ou a possibilidade de que não seremos amados. Se isso acontecer em um relacionamento quando a verdade for dita, então nunca existiu de fato um relacionamento, não é mesmo? Ou temos medo de magoar os outros. Temos uma ideia distorcida a respeito do que é um relacionamento saudável. Às vezes, a sinceridade no relacionamento causará necessariamente a dor, mas essa é a consequência normal de sermos sinceros uns com os outros. O que não devemos fazer é falar de uma maneira maldosa e mal-intencionada. Lembre-se que o nosso silêncio também pode ser mal-intencionado. Eis a declaração que repito com frequência: "Mais casamentos estão acabando por causa do silêncio do que da violência". E frequentemente é o silêncio que gera a violência!

Jesus disse o seguinte: "A verdade nos libertará" (João 8,32). Ele não disse que ela não seria dolorosa. Tememos a comunicação sincera porque temos medo do conflito. Qualquer relacionamento saudável e sincero envolverá um conflito de tempos em tempos, e terá lugar para raiva e divergência apropriadas. Tememos a comunicação sincera porque abrir-nos e aproximar-nos emocionalmente de outra pessoa pode ser ameaçador.

A maneira como declaramos as coisas é outro aspecto fundamental da comunicação. Ser aberto e sincero não significa ser sarcástico, cínico, mesquinho ou maldoso. Ser sincero significa declarar de uma maneira clara, direta e cortês o que percebemos, pensamos, sentimos e precisamos. Se eu estiver fervendo por dentro, preciso esperar, me acalmar e dissipar a raiva para depois poder expor adequadamente o meu ponto de vista. Posso me dar conta de que estou zangado demais para falar com você agora, de modo que farei isso mais tarde. Mas é fundamental que eu volte a falar com você. Relembramos a sabedoria de São Paulo: "Falem a verdade um para o outro no amor". Com excessiva frequência, depois que nos acalmamos, evitamos conversar com outra pessoa a respeito de um assunto problemático. Deixamos para lá. Escolhemos a saída mais fácil. Essa atitude pode fazer com que as pessoas acreditem menos em nós. As nossas contradições as confundem. As crianças, especialmente, sofrem quando os pais não são coerentes. O fato de eles prometerem discutir questões difíceis com os filhos sem, no entanto, nunca chegarem a fazê-lo pode abalar a confiança das crianças nos pais, deixando-as em um estado de confusão e raiva.

Quando deixamos de nos comunicar de uma maneira aberta e sincera, não apenas corremos o risco de aprofundar equívocos, como também multiplicamos as interpretações errôneas. Lembre-se novamente da devastação que o silêncio causa. Nove vezes em dez, quando impera o silêncio, fazemos uma interpretação negativa ou errada, ou uma suposição falsa.

A conversa franca e sincera é a única maneira pela qual posso conhecer você e você pode me conhecer. Não somos capazes de ler a mente um do outro. Só podemos saber o que outra pessoa pensa e sente quando expressamos o que pensamos e sentimos.

A COMUNICAÇÃO NOS RELACIONAMENTOS ÍNTIMOS

À medida que aprendermos a nos comunicar com eficácia, especialmente nos relacionamentos mais íntimos, não apenas passaremos a conhecer melhor um ao outro, como também poderemos viver melhor juntos e lidar com as nossas frustrações. O que acaba com os relacionamentos é a nossa tendência a evitar a comunicação a respeito dos assuntos importantes e dos nossos sentimentos da vida do dia a dia. O sistema se fragmenta e nós nos distanciamos um do outro.

O casamento, ou qualquer amizade profunda, tem três estágios: estar juntos, a diferenciação e estar juntos sendo, porém, diferentes. Estar juntos ocorre quando vemos tudo o que temos em comum; a diferenciação, quando começamos a perceber nossas diferenças, quando principiamos a ver um ao outro como somos. Ambos somos boas pessoas, mas somos diferentes, exclusivos, temos uma formação e opiniões diferentes, vemos as coisas a partir de uma perspectiva distinta e fazemos as coisas de um jeito diferente. Isso é normal em qualquer relacionamento. É quando nos vemos diante da possibilidade de ficarmos juntos ou nos separarmos, divorciarmo-nos ou aprofundar a intimidade. É somente por intermédio da comunicação dolorosa que podemos vir a nos entender mutuamente, aprender a fazer concessões, cooperar e colaborar, ser tolerantes e viver juntos. De resto, este é, com frequência, o período em que ocorre o divórcio ou que a família fica menos unida, com os seus membros manifestando uma delicadeza "adequada", porém superficial uns com os outros. É quando os relacionamentos acabam.

Mas quando somos capazes de admitir nossas diferenças, resolvê-las e aceitá-las, desenvolvemos um relacionamento mais profundo, uma maneira de estar juntos, porém sendo diferentes. Preservamos a unidade e a individualidade; somos, ao mesmo tempo, iguais e diferentes. Qualquer relacionamento genuíno envolve uma certa luta, alguma tensão e adaptação. Quando conservamos a nossa individualidade, preservamos o relacionamento. "Os dois se tornarão um" (Gênesis 2,24).

Jesus disse isso com clareza: "Onde dois ou três estão reunidos em meu nome, aí estou eu no meio deles" (Mateus 18,20). Jesus não estava falando apenas a respeito de pessoas que rezam juntas, mas a respeito daquelas que têm a coragem de se defrontar, de conversar com franqueza e sinceridade, e de reconhecer os inúmeros aspectos das suas personalidades e as diferenças que tornam cada um de nós único. Não é um momento no qual as pessoas se envolvem com lutas de poder, ou com o desejo de controlar, manipular ou fazer com que a outra se submeta. Assim como Deus se revela para nós, Deus também nos chama para que nos revelemos uns aos outros. Quando fazemos isso, encontramos Deus entre nós!

ONDE PODEMOS APRENDER A NOS COMUNICAR

Quando e onde aprendemos a nos comunicar? Contemple os anos da nossa formação. Onde recebemos uma educação formal em comunicação pessoal? Em lugar nenhum! Vamos para a escola, obtemos vários diplomas e podemos nos tornar profissionais, mas não recebemos nenhuma educação na área da comunicação. Assim sendo, seja o médico, o advogado, a pessoa religiosa ou membro do clero, quando se trata da comunicação, todos podemos estar no mesmo nível de pobreza verbal e falta de competência.

Praticamente, o único lugar em que aprendemos a nos comunicar é na nossa família de origem. Levamos para os nossos relacionamentos os padrões de comunicação que observávamos nos nossos pais e que praticávamos com eles e com os nossos irmãos.

Precisamos examinar com cuidado a maneira como nos comunicávamos na nossa família, aprimorar o que era bom e jogar fora as partes negativas. Todas as famílias têm algumas áreas onde há danos, e algumas apresentam graves disfunções. A comunicação deficiente, falsa e desprovida de sentimentos, ou a ausência da comunicação, estão na origem de todo sistema disfuncional, seja ele o casamento, a família, as amizades, comunidades paroquiais, o local de trabalho ou comunidades religiosas. Alguns padrões de comunicação precisam ser reexaminados, ajustados e modificados.

Voltamos à nossa família de origem para poder entender melhor como nos comunicávamos na época. Não voltamos para culpar ninguém. Em muitos casos, os nossos pais nos ensinaram a comunicar-nos da melhor maneira que sabiam.

Quando observo um casal se esforçando para se comunicar no meu consultório, consigo imaginar como cada um deles se comunicava na família de origem. É por esse motivo que digo aos jovens antes de se casarem: "Parem de olhar um pouco para os olhos um do outro e olhem para a família um do outro". Observe especialmente como os membros da família se comunicam. Como os pais se comunicam um com o outro? Como o seu futuro cônjuge se comunica com os pais ou os irmãos dele? No final, a comunicação ou a falta de comunicação que você vê é o que você vai experimentar no relacionamento com o seu cônjuge – a não ser que você faça alguma coisa a respeito.

Determinamos se uma família é disfuncional ou funcional em função da qualidade da capacidade de comunicação dos seus membros. Os dois princípios básicos da comunicação são os seguintes: primeiro, precisamos falar a respeito da nossa vida, dos assuntos controvertidos, dos nossos problemas; precisamos abrir caminho através do que negamos no passado, de quaisquer problemas que possamos ter evitado, de qualquer medo que possa estar nos controlando, da vontade de culpar os outros, e lidar com os assuntos que estão realmente nos afetando. Segundo, precisamos conversar sobre como nos sentimos a respeito dessas questões críticas – os sentimentos dolorosos do passado, por exemplo, e como nos sentimos com relação um ao outro. Se compartilharmos a dor, a mágoa, a raiva, os desapontamentos, os fracassos e as frustrações da nossa vida, poderemos lidar juntos com as dolorosas realidades que temos diante de nós. Podemos encontrar a cura. Aí, então, também conseguiremos compartilhar as nossas alegrias e sucessos.

O amor se torna vivo e sopra vida nos relacionamentos.

Os profissionais da área da saúde mental enfatizam a necessidade dos pais de manter uma comunicação contínua, aberta e sincera com os filhos, em todas as esferas da vida. Essa comunicação pode ajudar a evitar que os filhos usem drogas, álcool, fumem e abusem do sexo. Os pais devem manter abertas as linhas de comunicação com os filhos nos bons momentos e, especialmente, nos maus. A comunicação sustenta a conexão.

Lemos a respeito do grande perito em comunicação que foi Jesus. Ele transmite a mensagem de boas novas, mas repare que também aborda problemas e expressa não apenas o que pensa, mas também como se sente. No caso do jovem rico, por exemplo, Jesus fica triste com o fato de o rapaz não conseguir abandonar seu estilo de vida para segui-lo. Mais tarde, ele fala sobre a morte de Lázaro, seu amigo, e chora. É fascinante ler os relatos do evangelho a respeito de Jesus como modelo de pessoa amadurecida e emocionalmente saudável. Ele fala de uma maneira clara, franca e sincera.

Ser um cristão funcional tem muito a ver com ser uma pessoa que se comunica aberta e sinceramente. Isso não é parte do que somos? Uma luz na escuridão, abrindo os olhos dos cegos, levando os surdos a ouvir? Tudo isso acontece por meio da boa comunicação. Quando nos comunicamos uns com os outros, o amor se torna vivo e sopra vida nos relacionamentos. Jesus disse certa vez: "Ao falar, dizei apenas sim, sim, e não, não" (Mateus 5,37). Em outras palavras, sejamos abertos e francos uns com os outros. Sejamos diretos. Sejamos claros. Falemos abertamente uns com os outros. Paremos de falar com rodeios. Jesus, nessa pequena frase, diz muito a respeito do que somos enquanto cristãos.

A FAMÍLIA FUNCIONAL SE COMUNICA

A família funcional é aquela na qual os membros falam diretamente uns com os outros a respeito da maneira como percebem as coisas, dos seus pensamentos, sentimentos e necessidades. Se for uma questão de elogio, gratidão ou confirmação, se um dos membros estiver sentindo raiva ou desapontamento, ele precisa expressar diretamente esses pensamentos para a pessoa correta. Quando a mãe diz para o pai que o filho deles, John, está zangado com ele por ele não deixá-lo dirigir o carro da família naquela noite; quando o filho John diz ao pai que a mãe ficou magoada com os comentários desagradáveis que ele fez na hora do jantar – essas coisas não são consideradas comunicação direta. Nós as chamamos de "triangulação". Essas mensagens indiretas de outras pessoas podem causar equívocos, mágoa e raiva precisamente porque são provenientes de uma fonte indireta. Esses são os padrões de comunicação das famílias disfuncionais. Esse tipo de comunicação mantém os membros da família distantes e desligados uns dos outros, e pode criar conflito e ressentimento desnecessários. "Por que estou sendo tratado dessa maneira?"; "Por que o meu marido não pode me dizer isso diretamente?"

É aceitável John dizer à mãe que está zangado com o pai, mas a mãe precisa dizer o seguinte ao filho: "Entendo que você esteja zangado com o seu pai, mas você deve falar com ele. Diga-lhe como se sente a respeito de usar o carro". Essa é a maneira madura e confiante de enfrentar o problema.

Mas se a mãe se intromete e fala com o marido, ela possibilita que John evite o pai, o que enfraquece o relacionamento entre pai e filho. Se John se sentir ansioso e constrangido a respeito de falar com o pai, a mãe pode orientar o filho sobre como conversar com o pai. John poderá até mesmo concordar que a mãe o acompanhe para apoiá-lo quando ele procurar o pai, mas será John quem terá que falar. "John quer conversar com você, querido", diz a mãe, retirando-se em seguida.

Nunca parta do princípio de que a outra pessoa sabe do que você precisa.

Muitos adultos não conseguem falar de uma maneira franca, sincera e direta com os pais. Eles ainda se relacionam com os pais como faziam quando eram crianças. Esse problema de comunicação teve origem na infância e foi transportado para a idade adulta. É uma forma de comunicação que essas pessoas provavelmente levarão para o casamento.

Os problemas nunca são resolvidos quando a triangulação assume o controle. Ela não apenas deixa membros da família com sentimentos ambíguos a respeito uns dos outros, como também eles passam a se sentir desligados uns dos outros, o que danifica o sistema familiar. Às vezes as pessoas me dizem coisas excelentes e positivas a respeito da outra. Às vezes, elas me dizem que estão muito zangadas com essa pessoa. "Você disse isso para ela?", eu pergunto, "Ela precisa saber". Nunca devemos assumir a responsabilidade de transmitir mensagens para outras pessoas, caso contrário, nós nos tornamos parte da triangulação; passamos a fazer parte do problema e não da solução.

O princípio básico é o seguinte: quanto mais íntimo e profundo o relacionamento, mais sincera, aberta, direta e clara precisa ser a comunicação. Os relacionamentos casuais podem sobreviver a formas deturpadas de comunicação, mas não os relacionamentos próximos e íntimos. Nunca, jamais, parta do princípio de ou pressuponha que a outra pessoa em um relacionamento sabe o que você pensa, sente ou precisa.

As pessoas não sabem, por exemplo, que nos importamos com elas se não dissermos isso claramente. As crianças não sentem que são amadas ou apreciadas se não lhes dissermos isso. As esposas podem ficar fervilhando em silêncio porque o marido não sabe quais são as suas necessidades. "Ele deveria saber!" Sinto muito! Ele não saberá – ou não poderá saber –, a não ser que seja informado. Ele não lê a mente das pessoas. O marido talvez nem mesmo tenha consciência das suas próprias necessidades, de que modo poderia reconhecer as necessidades da esposa? Cada cônjuge precisa assumir a responsabilidade de identificar, aceitar e expressar um para o outro as suas próprias necessidades – físicas, emocionais e sexuais. Nas palavras de Dorothy Day: "O amor é uma coisa implacável e apavorante".

A COMUNICAÇÃO E OS RELACIONAMENTOS SEXUAIS

Quando lido com pessoas que têm problemas nos seus relacionamentos sexuais, em geral estou lidando com pessoas que não se comunicam verbalmente de uma maneira eficaz. As pessoas que não estão em contato uma com a outra na palavra não estão emocionalmente em contato uma com a outra e, com o tempo, acabam se desligando sexualmente.

Já me sentei muitas vezes com um casal, ajudando marido e mulher a demolir os muros construídos entre eles por anos de uma comunicação deficiente. Embora eles possam não abordar de imediato as questões sexuais, percebo que o vazio que vejo no relacionamento pessoal deles indica que o relacionamento sexual está passando por sérias dificuldades. Se uma pessoa não consegue se comunicar verbalmente com outra, como ela poderá se comunicar sexualmente com eficácia?

Muitas pessoas se envolvem em relacionamentos sexuais, mas nunca discutem os seus sentimentos sexuais uma com a outra. Elas geralmente pressupõem, erroneamente, que conhecem as necessidade e preferências sexuais uma da outra. É de causar surpresa que o relacionamento fique monótono para um dos parceiros ou para ambos? Muitas sentem ansiedade com relação à sua vida sexual, mas têm dificuldade em ter uma conversa sincera e aberta a respeito dela com o parceiro envolvido. Como isso é destrutivo para o relacionamento! Onde está a confiança do casal?

Nós, cristãos, somos da opinião de que quase todo sexo pré-conjugal é pecaminoso, o que quer dizer destrutivo. Ele pode magoar as pessoas envolvidas. Somos irresponsáveis para com a nossa sexualidade quando a tratamos de uma maneira casual antes que um genuíno relacionamento tenha se desenvolvido. Quando os relacionamentos sexuais começam prematuramente, frequentemente conferem a ilusão de serem relacionamentos sérios e profundos. No entanto, depois de algum tempo, à medida que o relacionamento se deteriora, como com frequência acontece, ouvimos as pessoas dizendo: "Achei que estava apaixonado(a). Achei que ela (ele) me amava". Só podemos realizar o amor na nossa vida quando somos capazes de sentar com o nosso parceiro e conversar de uma maneira franca e sincera com ele. Depois, compartilhamos profundamente o mundo e a visão de mundo do outro. Em seguida, na dor e na alegria dessa comunicação, muitas ilusões podem ser dissipadas. É então que seremos verdadeiramente capazes de nos relacionar sexualmente.

Quando não existe um relacionamento pessoal e uma comunicação significativa e penetrante no casamento, o relacionamento sexual logo ficará enfraquecido, menos satisfatório, ou acabará totalmente. Não raro as pessoas casadas executam rotineiramente o ato sexual sem ter um relacionamento sexual emocionalmente satisfatório. As esposas são as primeiras a notar isso, mas os maridos, com o tempo, também acabam percebendo o que está acontecendo. Um comentário frequente é que "os homens expressam afeição para conseguir sexo, e as mulheres fazem sexo para obter afeto". Por que as duas coisas não podem coexistir? Elas podem, mas isso requer comunicação.

COMO NOS COMUNICAMOS

A maneira como nos comunicamos uns com os outros também é da maior importância. As palavras que escolhemos, o nosso tom de voz, podem tanto atrapalhar quanto enfatizar a mensagem. Até mesmo a hora e o lugar da comunicação podem ser fatores importantes. Além disso, se deixarmos de anexar os sentimentos adequados a uma declaração, como: "Estou realmente magoado com o que você disse", provavelmente não seremos convincentes. As pessoas não entenderão o que estamos querendo dizer porque as nossas palavras carecem de um tom emocional. Elas são monótonas. Por outro lado, quando temos uma reação emocional exagerada, expressando, digamos, a raiva, e fazendo comentários hostis, causaremos aos outros uma dor desnecessária, e eles se colocarão na defensiva. Eles não ouvirão realmente a mensagem que estamos tentando transmitir. Eles poderão, por sua vez, ter uma reação exagerada ou fugir.

É claro que se eu permanecer em silêncio e impassível diante da raiva e da dor que outra pessoa expressar, provavelmente a deixarei confusa, zangada, frustrada e magoada devido à minha aparente insensibilidade ou indiferença. As possibilidades de interpretações errôneas são infinitas. Nove vezes em dez, o silêncio será interpretado de uma maneira negativa pela outra pessoa, embora eu não tenha a intenção de ser negativo. Esse silêncio pode indicar uma negligência emocional pela qual a pessoa silenciosa deixa de reagir às necessidades emocionais da outra. Às vezes, ficar em silêncio pode ser uma maneira cruel de se vingar de alguém. Algumas pessoas, nos relacionamentos íntimos, usam o silêncio de uma forma bastante eficaz, mas também bastante destrutiva. Não existe nada mais irritante ou frustrante do que a pessoa que não reage a uma mensagem muito importante transmitida por outra. É a maneira clássica de ser passivo-agressivo.

COMUNICANDO-SE COM DECLARAÇÕES QUE COMEÇAM POR "EU"

Outra importante habilidade da esfera da comunicação envolve usar declarações que começam por "Eu" ou "Nós". Por mais simples que isso possa parecer, a eficácia das declarações que começam por "Eu" pode ser extraordinária. Como qualquer outra forma de desenvolvimento humano, a comunicação é uma arte que requer habilidades orais. Pesquisas na área da comunicação mostram que falar com declarações que começam por "Eu" é sempre mais eficaz do que usar declarações que começam por "Você". As pessoas que ouvem as declarações que começam por "Você" podem sentir que estão sendo atacadas e se colocam na defensiva; elas podem ter a tendência de bloquear o que estão escutando e decidir se defender ou preparar uma refutação.

As declarações que começam por "Eu", por outro lado, tendem a tornar a outra pessoa sensível ao que estou pensando e sentindo. "Eu" representa um sentimento de identidade, de estar no controle de nós mesmos, de assumir a responsabilidade pelo que estamos expressando e sentindo. Por exemplo, "Eu fico ressentido quando você insiste em ler o jornal quando estou tentando falar com você, e preciso que você me escute". As declarações que começam por "Eu" ajudam os outros a se concentrar em nós, em vez de se preparar para se defender. As declarações que começam por "Eu" não são ameaçadoras.

Mesmo que outra pessoa afirme que não se importa com o que você pensa e sente, ao se comunicar, você está se dando a conhecer de uma maneira eficaz e tem uma probabilidade maior de impressioná-la de algum modo. Frequentemente, deixamos de nos comunicar, dizendo que a nossa mensagem não causará nenhum efeito na outra pessoa. Nós nos esquecemos de que precisamos dizer o que pensamos e sentimos *em prol da nossa própria dignidade,* e, em segundo lugar, os outros precisam ouvir o que temos a dizer, mesmo que resistam a essa ideia. No final, teremos um sentimento de satisfação por sermos confiantes e sinceros.

Repare a frequência com que Jesus usava as declarações que começam por "Eu". "Eu sou o caminho, eu sou a verdade, eu sou a vida." "Eu e o Pai somos um." "Eu sou a ressurreição." As declarações de Jesus que começam por "Eu" indicam não apenas o seu forte sentimento de identidade a respeito de si mesmo, mas também a sua confiança na mensagem que está transmitindo.

Quando usamos declarações que começam por "Eu", transmitimos um sentimento da nossa identidade, de que sabemos quem somos, dizendo à outra pessoa o que pensamos, sentimos e precisamos. Transmitimos um sentimento de autoconfiança, de valor pessoal e de autoestima. O uso de declarações que começam por "Eu" indica que estamos assumindo a responsabilidade pelo que sentimos, pensamos e precisamos, sem culpar ninguém, assim como admitimos a autoria das nossas palavras. Ao usar declarações que começam por "Eu", posso tornar a outra pessoa sensível à minha mágoa, raiva e frustração, o que é o objetivo da comunicação eficaz. O fato de a outra pessoa concordar ou não comigo não é a questão. A questão, nesse caso, é que ela passa a saber o que pensamos e sentimos. Esse jeito de falar não é uma panaceia, mas certamente pode ser bastante eficaz durante um certo período. É possível que não vejamos efeitos imediatos, mas no devido tempo talvez possamos ser capazes de convencer a outra pessoa dos nossos sentimentos.

A única pessoa que eu posso mudar sou eu mesmo.

Nunca podemos mudar os outros. Tentar isso é um exercício de futilidade. Mas existe sempre a possibilidade de que possamos, de alguma maneira, influenciar outra pessoa e torná-la mais consciente de nós. Estar vivo significa acreditar na possibilidade de que a vida possa ser diferente, quer dizer, se estivermos dispostos a trabalhar nisso e lembrar que Deus está sempre trabalhando conosco na nossa condição humana. Mas Deus, em geral, trabalha assim quando trabalhamos junto com ele, fazendo a nossa parte. Ao nos comunicarmos com eficácia, proporcionamos ao Espírito Santo um ambiente no qual ele pode trabalhar.

A única pessoa que eu posso mudar em qualquer relacionamento sou eu mesmo. Quando sou menos confuso e mais hábil ao me expressar, estou mudando o meu padrão de relacionar-me com outra pessoa. Não estou falando dos antigos padrões fragmentados que eram ineficazes, e sim de novos estilos, que fazem com que a outra pessoa compreenda que precisa escolher uma maneira mais madura e eficaz de me responder. Acredito que não haja uma maneira melhor de causar uma mudança nos relacionamentos do que mudar a maneira como nos comunicamos. Isso acontece quando nos desfazemos dos nossos hábitos da infância, das formas velhas, ineficazes e até mesmo destrutivas de comunicação que aprendemos na nossa família.

A pessoa com quem tentamos nos comunicar poderá reagir, dizendo: "Não me importo com o que você possa pensar e sentir". Essa é uma maneira de bloquear a nossa mensagem. Ela se sente ameaçada. Mas a mensagem foi enviada, e acredito que, mesmo que a outra pessoa não dê atenção à mensagem, esta agora foi exposta. Dissemos o que queríamos dizer. A semente foi semeada. Lembre-se de que "Algumas sementes cairão em terreno pedregoso, mas outras cairão em solo fértil e darão frutos" (Lucas 8,6-8).

Lembre-se de que dissemos que a primeira meta da comunicação é a revelação, não a resolução. Em outras palavras, precisamos expor as coisas. Não queremos ser apanhados na velha armadilha que nos leva a evitar as coisas, dizendo: "De que adianta falar com essa pessoa? Não importa o que eu diga, ela não vai mudar". Frequentemente, isso pode ser uma escapatória da nossa parte. Podemos estar sendo controlados pelo medo. Temos que compreender que é a nossa revelação que conta. A maneira como a outra pessoa recebe ou rejeita a nossa mensagem é secundária. É aqui que muitas pessoas erram. Elas definem o objetivo principal da sua mensagem como sendo mudar a outra pessoa, quando a meta prioritária é a responsabilidade de transmitir a mensagem. Se fizermos isso, nós nos sentiremos satisfeitos porque passamos adiante a mensagem com um sentimento de dignidade e respeito próprio. É claro que existe o risco da frustração, e a compreensão de que o relacionamento talvez não melhore, podendo até mesmo piorar! No entanto, o pior dano que podemos causar a nós mesmos e à outra pessoa é deixar de transmitir a nossa mensagem de uma maneira aberta e sincera.

Precisamos expor as coisas.

Modificar a forma como nos comunicamos, tornando-nos mais habilidosos e eficazes nessa arte, é a primeira maneira com a qual podemos verdadeiramente mudar a nós mesmos e possivelmente ter uma influência positiva nos nossos relacionamentos. Quando alteramos, por exemplo, o nosso jeito sarcástico de falar e passamos a nos expressar de uma maneira mais respeitosa, as chances que temos de aprimorar os nossos relacionamentos aumentam substancialmente. Presenciei a melhora de muitos casamentos porque um dos cônjuges desenvolveu uma forma saudável e sincera de se comunicar. O outro cônjuge abandonou, com o tempo, os antigos padrões nocivos de falar. Os ciclos codependentes de comunicação são rompidos quando uma das pessoas escapa deles.

Deus descreve a si mesmo nas Sagradas Escrituras como um Deus revelador. Na realidade, Jesus foi a autorrevelação de Deus. Remover a nossa máscara pode ser muito ameaçador, não apenas para nós mesmos, mas também para aqueles a quem estamos nos revelando. A autorrevelação requer uma grande dose de confiança, mas é a única maneira, apesar dos riscos, com a qual podemos desenvolver relacionamentos baseados nesse sentimento.

Sugere-se até mesmo que as mães com bebês ainda pequenos falem com eles o máximo possível. A mãe pode estar ocupada cuidando da roupa para lavar ou cozinhando, mas, se ao mesmo tempo mantiver uma conversa contínua com o bebê, estará formando um vínculo com ele. A criança se sentirá amada e desejada. O alicerce básico da confiança é estabelecido. A criança aprende a confiar na mãe, mas também começa a confiar em si mesma. Erik Erikson descreve essa confiança como o primeiro estágio básico do desenvolvimento psicossocial humano e como a base de uma personalidade saudável. Tudo começa nos braços da mãe ou do pai, no diálogo que mantêm um com o outro e com o filho.

O tipo de comunicação a que estou me referindo não envolve bater papo a respeito das futilidades da vida ou do tempo. Podemos falar sem parar com outra pessoa e nunca ter uma conversa importante, ou podemos nos comunicar com profundidade, revelando o nosso mundo interior um para o outro. Todos já vimos casais em restaurantes comendo juntos sem dizer uma única palavra um para o outro. É um triste espetáculo. Quando as pessoas compartilham uma refeição, elas têm a oportunidade de compartilhar a si mesmas.

Duas pessoas que tenham compartilhado profundamente a sua vida uma com a outra podem frequentemente se sentar juntas, felizes, em silêncio, porque compartilham um vínculo emocional. Elas se sentem seguras uma com a outra, e não distantes. Existe entre elas uma confiança mútua. O silêncio delas é de qualidade. No entanto, no caso de duas pessoas que raramente compartilham o que sentem uma com a outra, o silêncio é um silêncio vazio, no qual o medo e o sentimento de distanciamento estão logo abaixo da superfície.

A COMUNICAÇÃO COM NÓS MESMOS

Para que sejamos eficazes na arte da comunicação, também precisamos ser competentes ao nos comunicarmos com nós mesmos. Conversamos muito com os nossos botões, embora nem sempre tenhamos consciência disso. É importante compreender isso para que possamos conhecer a nós mesmos. Temos que nos perguntar se temos ou não conhecimento do que está acontecendo no nosso mundo interior: dos nossos pensamentos, atitudes, necessidades, mas especialmente de toda a gama dos nossos sentimentos. Há também memórias do passado, de mágoas, das alegrias da nossa vida: estamos conscientes delas? Se estivermos, podemos nos comunicar profundamente com outras pessoas, mas, na maioria das vezes, as pessoas estão desligadas de si mesmas. Não têm certeza das suas opiniões e ideias a respeito do que está acontecendo dentro delas. Podem ser capazes de se descrever, de um modo geral, como se sentindo mal ou aborrecidas, mas não conseguem identificar os sentimentos específicos de mágoa, raiva, desapontamento ou medo.

Com frequência, há dentro de nós o que eu chamo de fitas negativas que tocam declarações deturpadas e adulteradas, que nos acompanham desde a infância. Elas estão frequentemente erradas e são sempre destrutivas. Elas nos controlam. Temos consciência de pensamentos negativos como: "Você é um fracasso", "Você não é capaz de fazer isso", "Você não é uma pessoa agradável", "Ninguém gosta de você" e assim por diante? Quando essas fitas estão sempre tocando, podem ser paralisantes e geram sentimentos de culpa, inutilidade, forte ansiedade e baixa autoestima. Esses sentimentos, por sua vez, dão origem a outros sentimentos negativos a respeito de nós mesmos, e o ciclo vicioso continua.

A primeira coisa que podemos fazer para romper o ciclo é mudar o nosso modo de pensar. O livro do Dr. David D. Burns a respeito da depressão, intitulado *Feeling good*, trata especificamente desse problema, e indica que, se desejarmos nos sentir melhor, precisamos modificar a maneira como nos percebemos e o que pensamos sobre nós mesmos. Podemos alterar de imediato a forma como pensamos a nosso respeito, embora os sentimentos doentios deturpados ou adulterados levem muito mais tempo para serem curados. Eles precisam ser encarados e desafiados por declarações novas e válidas a respeito de nós mesmos.

Durante algum tempo, viveremos uma tensão entre o nosso modo de pensar, que proclama coisas boas a respeito de nós mesmos, e os nossos sentimentos negativos, por mais deturpados que possam ser, e precisamos tentar entender as suas origens. Quanto mais conseguirmos destrinchá-los, mais provável é que seremos capazes de raciocinar com mais objetividade e tomar decisões judiciosas a respeito da vida. Essa é uma das finalidades valiosas da comunicação saudável e do aconselhamento. Eles nos ajudam a resolver e entender nossos sentimentos perniciosos.

Enfatizo que essa comunicação *interior* é um aspecto vital da nossa capacidade de nos comunicarmos com os outros. Se pensamos e nos sentimos mal com relação a nós mesmos, precisamos ser capazes de transmitir isso para outra pessoa para promover a cura. É isso que acontece no aconselhamento, ou quando nos abrimos com um amigo em quem confiamos. Em outras palavras, precisamos ter a coragem e a confiança de compartilhar o nosso mundo interior com outra pessoa.

Quando temos um sistema de comunicação interno confuso, não podemos nos comunicar eficazmente com os outros porque nos colocamos excessivamente na defensiva (nós os culpamos ou interpretamos erroneamente o que eles estão dizendo), ou somos submissos ou dóceis demais diante deles. Essa última situação tem lugar porque desejamos desesperadamente ser aceitos e apreciados, e temos medo da rejeição. Assim sendo, ficamos excessivamente confusos e não conseguimos nos comunicar com eficácia.

Para nos comunicarmos com os outros, é fundamental que estejamos em contato com o nosso eu interior. Esse é um dos motivos pelos quais muitos homens não se comunicam bem nos relacionamentos pessoais. É comum não terem consciência do seu mundo interior. O marido que não se comunica é a causa de grande parte da depressão, da frustração e do vazio que muitas mulheres casadas sentem. Isso também explica por que algumas mulheres se envolvem demais com os filhos, amigas e causas. É uma maneira de lidar com a frustração de ter um marido não comunicativo. Os livros *You just don't understand**, de autoria de Deborah Tanner, e *Men are from Mars, women are from Vênus*, de John Gray**, desenvolvem o tema das habilidades de comunicação entre homens e mulheres.

Em primeiro lugar, por que as esposas deixam que os maridos se comportem dessa maneira? Elas com frequência acham que esses homens se modificarão ao longo do caminho, o que é uma suposição falsa. A possibilidade da mudança simplesmente não existe, a não ser que as mulheres realmente se esforcem para expor enfática e objetivamente a sua necessidade de comunicação, bem como a frustração que sentem com o silêncio do marido. É nesse ponto que reside a possibilidade de que os homens sejam levados ou

* Publicado no Brasil pela Editora BestSeller com o título *Você simplesmente não me entende* (N. da trad.)

** Publicado no Brasil pela Editora Rocco com o título *Homens são de Marte, mulheres são de Vênus* (N. da trad.)

forçados a modificar o seu comportamento silencioso. A mulher precisa tomar cuidado antes do dia do casamento, porque o seu possível futuro marido, que ela ama e venera como sendo "do tipo forte e silencioso", pode ser simplesmente incapaz de se comunicar ou não estar disposto a fazer isso. Se for este o caso, não se case com ele! Deborah Tanner, no livro *You just don't understand*, descreve a grande diferença entre a maneira de os homens e as mulheres se comunicarem. Ela escreve a respeito de como os homens falam a partir do mundo exterior, e as mulheres, a partir do mundo interior; a respeito de como os homens ficam envolvidos com a sua posição na vida, ao passo que as mulheres estão interessadas em se relacionar. E tudo isso começa na infância, na maneira como os meninos e as meninas são criados. A comunicação entre os sexos exige esforço e entendimento.

Nossas palavras encerram um poder criativo. Levamos a cura e a santificação para os nossos relacionamentos quando compartilhamos as nossas palavras. A esperança de um melhor relacionamento com os outros e com Deus nasce das sementes da nossa comunicação. Quando expressamos uns para os outros, por meio das nossas palavras, os nossos pensamentos e sentimentos, sopramos vida nos nossos relacionamentos. Isso se chama intimidade, a qual só pode ser gerada nos nossos relacionamentos importantes por intermédio de um esforço incessante da nossa parte de nos comunicarmos bem.

2.

A ARTE DE OUVIR COM ATENÇÃO

Se a comunicação é a habilidade pela qual nos revelamos para outra pessoa, ouvir com atenção é uma arte por meio da qual nos abrimos às revelações dos outros. Ouvir com atenção significa entrar em contato com outra pessoa, entrar no mundo dela. Por mais dificuldades que possamos ter em falar de uma maneira franca e sincera, ouvir com atenção pode exigir um esforço ainda maior. A comunicação requer habilidade, sinceridade e prática. Ouvir com atenção pode ser muito restaurador, especialmente quando realmente escutamos a dor e as necessidades do outro.

Ouvir com atenção exige uma intensa concentração emocional e requer que façamos contato visual com outra pessoa. Exige que sejamos capazes de entender o que os outros estão dizendo, mas, acima de tudo, o que estão sentindo. Quer eles descrevam ou não seus sentimentos, precisamos ser capazes de identificar o que estão sentindo.

Vamos falar a respeito de algumas habilidades que nos tornam bons ouvintes. O salmista diz, no Salmo 135, "têm ouvidos, mas não ouvem". Podemos escutar, mas estamos realmente ouvindo a outra pessoa com atenção? Estamos realmente em contato com ela? Tentamos penetrar as profundezas de sua alma? Ou estamos apenas perifericamente presentes, talvez até mesmo bloqueando-as? Ouvir com atenção, ou a atitude oposta, deixar de ouvir, pode ser crucial para um relacionamento. Se realmente desejamos que uma pessoa se distancie emocionalmente de nós, ou se torne insensível e deixe de se importar conosco, tudo que temos a fazer é ser indiferentes.

Acredito que a primeira exigência para que sejamos ouvintes autênticos e eficazes é a capacidade de estar em contato com nosso mundo interior. O que são os nossos pensamentos, atitudes e, acima de tudo, os nossos sentimentos? Precisamos ter uma ligação com o nosso eu interior e ter consciência dele. Em outras palavras, somos verdadeiramente capazes de ouvir com atenção a nós mesmos? Se não sou capaz disso, como poderei ouvir você com atenção? Se eu não estiver em contato com o meu mundo interior, como poderei estar em contato com o *seu* mundo interior? É absolutamente necessário que eu ouça a mim mesmo com atenção. Se eu não fizer isso, não serei capaz de sondar as profundezas de outra pessoa. De fato, eu posso escutar, mas isso não é ouvir com atenção. Se eu não consigo lidar com o meu sentimento de raiva, como posso me sentir à vontade com o de outra pessoa? Não poderei entrar em contato com o que ela está realmente dizendo e, acima de tudo, sentindo.

Ter consciência do que estamos sentindo significa sermos capazes de identificar sentimentos específicos dentro de nós mesmos. Não raro afirmamos estar aborrecidos ou insatisfeitos, mas o que isso significa? Podemos identificar com precisão esses sentimentos como sendo de mágoa, raiva, tristeza ou desapontamento? É por esse motivo, no caso de inúmeros problemas conjugais, que é necessário ajudar cada cônjuge a especificar, declarar e definir em um contexto o que está sentindo. Somente então ele consegue revelar ao parceiro o que está sentindo.

Às vezes, ouvimos e sabemos o que uma pessoa está dizendo, mas não estamos em contato com o que ela está sentindo. Isso é um sinal de que estamos ouvindo de uma maneira incompleta. É por essa razão que muitos relacionamentos são superficiais e nunca se fortalecem. As pessoas não estão de fato se conectando. Não sabem fazê-lo ou não querem se envolver com outra desse modo.

Quando ouvimos outras pessoas com atenção, precisamos ajudá-las a destrinchar e identificar os seus sentimentos, perguntando-lhes o que estão sentindo, e, depois, refletindo de volta para elas o que achamos que ouvimos elas dizerem. Por exemplo, se dizemos o seguinte para uma pessoa com quem estamos conversando: "A sua irmã realmente o magoou terrivelmente com os comentários sarcásticos que ela fez", ela perceberá que estávamos realmente prestando atenção ao que ela estava dizendo. A pessoa que está sofrendo sente que tem uma ligação conosco, sente que nos importamos com ela e percebe que estamos verdadeiramente nos colocando no lugar dela. Chamamos isso de empatia. Não são apenas os aconselhadores que precisam praticar a empatia; todos temos que estar em sintonia com os outros.

Ouvir com atenção significa concentrar toda a nossa atenção e energia no outro. A nossa linguagem corporal pode mostrar que estamos presentes para ele. Os nossos olhos estão fixos na pessoa. Ouvir dessa maneira implica receptividade e solidariedade. Não estamos simplesmente sentados como manequins. Refletimos de volta para o outro os sentimentos e pensamentos dele. Ecoamos a sua alegria. Ficamos chocados quando ele se choca, zangados quando ele se zanga e tristes quando ele se entristece. Não damos respostas intelectuais ou conselhos de imediato, e nem descrevemos experiências semelhantes que possamos ter tido. Nesse ponto, a pessoa não está muito interessada nesse tipo de resposta. Ela precisa que estejamos presentes para ela. Ouvir ininterruptamente dessa maneira requer muita disciplina, para que possamos permanecer concentrados no outro.

Repare como Jesus era um ouvinte compassivo e sensível. Ele ouviu os gritos do cego, da mulher ansiosa que sofria de hemorragia – e tocou-lhe a roupa –, da viúva que lamentava a perda do filho. Esse Jesus que ouvia com atenção é um Jesus sensível que estava emocionalmente em contato com ele mesmo e com os outros. Somente então ele os tocava fisicamente; somente então ele os curava. Ele emanava poder. Quando ouvimos as pessoas com atenção, o poder também emana de nós, o poder de cura. Assim como Jesus, podemos curar sendo ouvintes ativos, solidários e compassivos.

Ser um bom ouvinte não significa apenas ouvir com atenção quando os outros falam, mas também ficar à vontade com os seus silêncios, lágrimas, lamentos dolorosos ou explosões emocionais, que podem ser acompanhados por ameaças irracionais dirigidas ao outro. Pode haver ameaças de fuga ou até mesmo de suicídio. Esse tipo de coisa pode ser assustador, podendo até mesmo nos oprimir. No entanto, deixar que as pessoas deem vazão a sentimentos reprimidos ajudará a dissipá-los, trazendo-as de volta à realidade.

Precisamos nos controlar e tomar cuidado para não desconsiderar o que os outros estão dizendo, respondendo: "Sei muito bem que você não vai fazer isso". Na maioria dos casos, é claro que eles não o farão, mas precisam expressar a raiva, o desespero e a dor que sentem interiormente. As pessoas magoadas são muito sensíveis à maneira como reagimos e respondemos, bem como ao fato de estarmos genuinamente com elas. Se elas sentirem que isso é verdade, serão capazes de confiar mais em nós e deixar vir à tona os seus sentimentos, medo, ansiedade, desesperança e confusão mais íntimos. Se conseguirmos permanecer com elas, ouvindo com atenção, elas provavelmente revelarão as histórias mais profundas que sentem dentro de si mesmas.

Ouvir com atenção significa concentrar a nossa atenção e energia no outro.

Vemos a cura do evangelho – cegos que enxergam, surdos que ouvem, aleijados que andam – naqueles que ouvimos com atenção, apenas porque fizemos isso. É frequente as pessoas conseguirem dar novamente seguimento à sua vida. Com frequência, pessoas que nos contaram as suas dolorosas histórias nos dizem: "Obrigado por ter ouvido. Obrigado pela sua ajuda". Nós achamos que nada mais fizemos além de ouvir com atenção, mas esse é um enorme presente! É ouvindo dessa maneira, genuína e penetrante, que tocamos o centro da tormenta no coração das pessoas e as acalmamos.

Maridos me disseram com enorme frequência que se sentem indefesos e inadequados quando tentam lidar com a depressão ou ansiedade da esposa. Esses homens ficam enredados na preocupação masculina; precisam fazer alguma coisa para que a sua mulher pare de sofrer, para corrigir o desgosto dela, para que ela se sinta melhor. Estou sempre garantindo aos maridos que a única coisa que precisam fazer, a coisa mais eficiente que podem fazer, é ouvir com atenção o que a esposa tem a dizer. Que devem deixá-la chorar, ficar furiosa, contar sua história, expressar os seus sentimentos – e a cura terá lugar! Preciosos momentos de intimidade não raro acontecem.

A cura não terá realmente lugar na nossa sociedade, ou na nossa Igreja, enquanto não começarmos a ouvir com atenção uns aos outros. Grande parte do aconselhamento envolve basicamente ajudar as pessoas ouvindo com atenção o que elas têm a dizer, o que elas realmente disseram, como elas realmente estavam se sentindo, e, depois, ajudando-as a colocar as coisas em ordem, a entendê-las melhor, a integrá-las na sua vida, e tudo isso traz a cura para o espírito.

A arte de ouvir com atenção é simplesmente isso, uma arte. Ela requer prática e muito esforço, mas pode ser desenvolvida. Pode ser aprendida. Ela requer um esforço concentrado e determinado da sua parte. Ficaremos impressionados com os resultados que a arte de ouvir com atenção produz nos outros e nos nossos relacionamentos.

Temos que conhecer as nossas limitações, ou seja, por quanto tempo somos capazes de ouvir com atenção, e quando não conseguimos mais fazer isso. Precisamos saber quando precisamos parar de ouvir com atenção para revitalizar-nos e depois voltar a ouvir novamente. As pessoas sabem quando não estamos escutando. Por mais que achemos que elas estão desorientadas, elas dirão: "Você não está me ouvindo". Os meus clientes me disseram muitas vezes: "O que há de errado com você? Você não parece estar me ouvindo". A fragilidade humana, a fadiga, as distrações ocorrem e são compreensíveis. Ainda assim, as pessoas que estão diante de nós, que às vezes julgamos estarem desnorteadas, são sensíveis ao fato de que não estamos ouvindo.

Ouvir com atenção nos ajuda a entender melhor a outra pessoa.

Ouvir com atenção produz a cura porque demonstra que o ouvinte está interessado. As pessoas que estão sofrendo amiúde se sentem mal a respeito de si mesmas. O fato de ouvirmos com atenção o que elas têm a dizer fecha suas feridas porque derrama sobre elas o óleo da compaixão, da ternura e do calor humano. Ouvir com atenção conduz à cura porque possibilita que as pessoas magoadas falem a respeito do que as está corroendo ou está emperrado dentro delas. Poucas coisas são mais destrutivas para os seres humanos e os seus relacionamentos do que a raiva, a mágoa, a culpa e a vergonha enterradas, bem como todos os outros sentimentos tumultuosos que estão enterrados, mas precisam ser resolvidos, e que podem sê-lo ao ser comentados de uma maneira franca e sincera com um ouvinte de confiança.

Ao revelar a sua confusão interior, as pessoas começam a esclarecer as coisas. Quando podemos expressar o que está acontecendo dentro de nós, conseguimos visualizar as coisas que estão ocultas na escuridão e trazê-las para a luz, examiná-las a partir de uma perspectiva adequada para poder entendê-las melhor. Seguem-se a sagacidade e a esperança. Essa última diz que as coisas podem ser diferentes. A esperança cristã diz que as coisas podem ser diferentes porque Deus está trabalhando junto conosco, porque ele faz isso quando lidamos com os problemas da vida.

Ouvir com atenção cura os relacionamentos porque, quando escutamos uns aos outros com atenção, dissipamos muitos dos equívocos e interpretações errôneas que ocorreram entre nós e são a causa de tantos desajustes nos casamentos e nas famílias. Esses desajustes residem mais no fato de que os homens e as mulheres desses casamentos e dessas famílias não têm sido capazes de conversar a respeito do que pensam e sentem, e menos nos problemas que existem nesses casamentos e nessas famílias. É por esse motivo que a fórmula que se encaixa no desajuste é a seguinte: não falamos, de modo que não sentimos e não confiamos. E como não falamos, certamente não ouvimos, a não ser os sons do silêncio, que geraram mais confusão, dor, equívoco e o sentimento de que somos mal-interpretados.

Existem outros tipos de silêncio. Ele pode indicar uma introspecção neurótica, criando uma barreira deliberada entre nós e os outros. Pode ser uma arma de não cooperação. Pode ser um sinal que indica desaprovação ou indiferença. Pode denotar mal-estar, como duas pessoas que se sentem constrangidas na presença uma da outra e ficam o tempo todo trocando de posição, tentando ansiosamente encontrar as palavras. Pode ser um sinal de incompreensão, má vontade, raiva, incredulidade. Pode ser resultado do terror ou da indelicadeza (cf. Dunne, *The road to silence*).

Ouvir com atenção é uma experiência de aprendizado, porque chegamos a um melhor entendimento e conhecimento não apenas das outras pessoas, mas também de nós mesmos. Costumo dizer com frequência que estou em um constante processo de terapia, porque na condição de terapeuta, quanto mais eu ouço com atenção e entro em contato com os outros, mais eu escuto a mim mesmo com atenção e entro em contato comigo.

Ouvir com atenção nos ajuda a saber quem a outra pessoa realmente é. O antigo ditado grego "Conhece a ti mesmo" é de fato o início de toda sabedoria e de uma profunda espiritualidade. No entanto, embora conhecer a nós mesmos exija tempo e esforço, conhecer outra pessoa requer ainda mais tempo e esforço.

Lembre-se de que o termo bíblico para relações sexuais é "conhecer". Ele descreve muito mais do que um relacionamento físico. Significa conhecer intimamente outra pessoa, estar perto dela. Conhecer e ouvir com atenção resultam em intimidade. Algumas pessoas se envolvem sexualmente na ausência da intimidade. Esse comportamento destrói a nossa capacidade de amar, porque para que as pessoas se abram e compartilhem a dádiva de si mesmas elas precisam estar dispostas a correr riscos e a confiar. Apreciamos muito o que o outro nos revela, valorizamos as suas revelações e as mantemos em segredo. Respeitamos as pessoas pelo que elas nos revelaram, mesmo que possamos não concordar com elas.

Aprendi o que descrevo nestas páginas ouvindo muitas pessoas com atenção. Ouvir com atenção nos ajuda a perceber, conhecer e compreender melhor outra pessoa, o que nos permite ajudá-la a entender melhor a si mesma. Ouvir com atenção faz parte de amar. Só podemos amar genuinamente uma pessoa depois de tê-la verdadeiramente ouvido. Somente então a aceitamos como ela é e a amamos. Podemos afirmar: "Eu a amo como você é, como eu a conheço, e não como eu acho que você é ou deveria ser".

Ouvir com atenção faz parte da vida. Significa estar em contato com as realidades que nos cercam. Estar em contato com a realidade resulta na saúde mental, por mais dolorosa que essa realidade possa ser às vezes. Estar plenamente vivos e cheios de vida é ouvir com atenção o mundo à nossa volta para aprender o que é a vida e apreciá-la.

Ouvir com atenção frequentemente envolve rir, o que quer dizer que estamos em contato com os absurdos e incongruências da vida. Como podemos rir com as pessoas, e não delas, depois de realmente tê-las ouvido, sabemos que elas estão em um processo de cura e melhorando porque começaram a rir de si mesmas, e nós com elas. O humor nos ajuda a encarar a vida a partir de uma perspectiva adequada, elimina as distorções que percebemos, alivia o fardo da vida e reduz o estresse. O humor é provavelmente a habilidade terapêutica menos utilizada tanto no aconselhamento quanto na vida!

Tenho quatro álbuns de recortes cheios de cartuns que juntei ao longo dos últimos quinze anos. Eles são pertinentes à vida das pessoas, especialmente ao casamento e à família, e às nossas fraquezas humanas. É interessante observar que jovens e velhos são, repetidas vezes, naturalmente atraídos para esses álbuns. Eles comentam com frequência como olhar para esses cartuns pode ser relaxante. Deus deve ter algum senso de humor, caso contrário, como poderia ter nos aguentado durante tanto tempo?

Ouvir com atenção significa deixar de pensar em nós mesmos. Quando escutamos alguém com atenção, deixamos de pensar em nós mesmos, no nosso mundo egocêntrico. Nós nos voltamos para fora e tocamos outras pessoas. Entramos em contato com a dor e a tristeza delas. Começamos a entender no que consiste outro aspecto da vida. Como diz a tradição cristã: "Quando nós nos perdemos, nós nos encontramos".

Quando ouvimos com atenção os problemas dos outros – a dor, a tristeza, a mágoa e as perdas deles – os nossos problemas não parecem ser tão ruins. Somos capazes de inserir as nossas dificuldades em uma perspectiva adequada. Quando ouço com atenção, dia após dia, os problemas de outras pessoas, os meus não parecem tão terríveis. Eu os examino a partir de uma perspectiva adequada e depois consigo lidar melhor com eles.

Quando outras pessoas nos magoam e buscam o perdão, temos que ouvir com atenção o que elas têm a dizer a respeito do motivo pelo qual se deu o acontecimento, para poder entender as coisas. Podemos então abandonar a nossa mágoa, raiva e dor. Podemos perdoar porque compreendemos.

Ouvir com atenção significa deixar de pensar em nós mesmos.

Essas são algumas das minhas reflexões pessoais sobre a arte de ouvir com atenção, desenvolvidas enquanto eu escuto com atenção outras pessoas. Estou certo de que, ao ouvir com atenção, você aprendeu muitos outros aspectos da sabedoria. Quanto mais ouvimos com atenção, mais humanos nos tornamos. Quanto mais ouvimos com atenção, mais espirituais ficamos. Somos capazes de erguer-nos acima de nós mesmos e entrar em contato com os outros e com Deus.

Rezar consiste em ouvir com atenção: ouvir com atenção o que existe no meu coração, ouvir com atenção o que os outros estão dizendo e colocar tudo isso nas mãos de um Deus ouvinte. Rezar é a convicção de que existe um Deus compassivo, amoroso e sempre presente que nos ouve com atenção. Nisso somos fortalecidos, confortados e encontramos a paz. A oração pode ser restauradora porque nela podemos relaxar e entrar em contato com Deus, que se importa conosco e nos ama independentemente do que ele escuta e sabe a nosso respeito.

3.

CONFLITO

Além de fazer parte da vida, o conflito é necessário. Uma das principais ideias erradas a respeito da dissolução do casamento é a de que o conflito, de um modo geral, é a causa da infelicidade conjugal ou de um futuro divórcio. Pelo contrário, a grande maioria dos relacionamentos conjugais que se desintegram o faz porque o conflito está ausente ou os parceiros o evitam na hora de resolvê-lo. Parte da arte da comunicação consiste em sermos capazes de nos envolver com o conflito apropriado, e isso, bem como a resolução dos conflitos, são componentes de importância crucial para os relacionamentos sólidos.

O conflito é necessário para a preservação dos relacionamentos saudáveis e funcionais. Quando Jesus veio ao mundo, ele entrou em conflito com esse mundo. Jesus declarou de um modo enigmático: "Não vim para trazer a paz, e sim a dissensão" (Lucas 12,51). Em várias ocasiões, Jesus demonstrou estar em um conflito aberto com os seus discípulos, as pessoas em geral, a sua família e, com mais frequência, com os escribas e os fariseus. A Bíblia está repleta de conflitos! Os salmos refletem os conflitos que têm lugar dentro de nós, entre as pessoas e entre nós e Deus. Em qualquer ocasião que as pessoas tentarem se aproximar umas das outras, o calor humano e o atrito estarão presentes. Quando um relacionamento fica emperrado, não há nem calor humano nem atrito. O relacionamento se fragmenta. O elemento mais importante e necessário para manter um mecanismo em funcionamento é o lubrificante. Ele evita o esgotamento ou impede que a engrenagem fique travada. O lubrificante necessário em qualquer relacionamento íntimo, especialmente no casamento e nas famílias, é o conflito apropriado.

Como escrevi em *Curando emoções feridas*, fomos programados para encarar a raiva como um defeito e não uma virtude. A raiva é uma emoção normal e saudável, e precisa ser expressa de uma maneira apropriada. Temos que discernir entre a raiva apropriada e a inapropriada, a qual pode ser destrutiva. Precisamos entender que existe uma diferença entre o conflito e a violência. A violência é o conflito descontrolado.

O fato de os cônjuges reprimirem a raiva, a mágoa ou o desapontamento que sentem com relação ao outro, deixando que os sentimentos se acumulem, causa um efeito prejudicial ao relacionamento. Esse tipo de relacionamento repressivo é como um câncer que desgasta e destrói pouco a pouco o vínculo de confiança entre as duas pessoas. Os parceiros se afastam emocionalmente, no início inconscientemente. Depois, gradualmente, percebem que estão emocionalmente distantes e perdem o interesse sexual pelo outro, o que os faz entrar em pânico. Começam a achar que o amor que sentiam um pelo o outro não existe mais e que o casamento acabou.

Isso não é necessariamente verdadeiro. Esse estado de entorpecimento, no qual os sentimentos estão ausentes, é um sinal de que o relacionamento está em dificuldades. Os parceiros estão empacados. Debaixo do entorpecimento jazem camadas ocultas de mágoa, raiva, até mesmo de ódio e fúria. Os parceiros precisam começar a trazer à superfície os escombros acumulados e não resolvidos existentes dentro deles. Precisam iniciar um diálogo sério e difícil. Um dos aspectos dolorosos dessa comunicação é que as interpretações errôneas, as diferenças não resolvidas, os antigos ressentimentos e as feridas profundas serão expostas.

Já os casos extraconjugais são uma maneira destrutiva e injusta de resolver a insatisfação óbvia e/ou geralmente não reconhecida no casamento. Os parceiros frequentemente tentam fazer com que as suas necessidades emocionais e sexuais não realizadas sejam satisfeitas nos casos amorosos. Estes quase nunca se transformam em relacionamentos permanentes e viáveis. Às vezes, eles são alpondras que conduzem para fora do relacionamento. Os casos amorosos são um sintoma de que o casamento está com problemas. Também sempre indicam uma raiva reprimida ou contida pelo outro cônjuge, bem como outros conflitos subjacentes e não resolvidos no casamento. Os conflitos silenciados são fatais. Os conflitos saudáveis podem ser a graça salvadora por meio da qual o poder de cura de Deus pode atuar.

O conflito reprimido pode se manifestar em todos os tipos de problemas físicos e dificuldades emocionais, entre os quais se encontram a ansiedade, a depressão, o silêncio indiferente, o distanciamento sexual e o comportamento passivo-agressivo. O relacionamento fica monótono, desprovido de paixão e intimidade, enquanto carece espiritualmente de significado e inspiração.

Muitas pessoas chegam prematuramente à conclusão de que o seu relacionamento conjugal acabou. Decidem se separar ou procuram outras distrações, tendo um caso amoroso ou envolvendo-se intensamente com atividades ou interesses externos. Elas podem ainda manter um relacionamento tolerante sem lidar com a tensão subjacente. Muitas pessoas se divorciam prematuramente antes de dar a si mesmas a chance de abordar os problemas latentes do relacionamento. Ao fazer isso, nunca concedem a si mesmas a oportunidade de um confronto genuíno.

É bem verdade que a comunicação direta e sincera pode resultar em raiva e conflito. Só Deus sabe que ninguém deseja o conflito. Duas placas grandes, porém invisíveis, estão penduradas sobre o portal de quase todas as nossas casas com os dizeres: "Paz a qualquer preço" e "Não perturbe o equilíbrio".

Às vezes, a mágoa e a raiva entranhadas, não resolvidas, existentes em um relacionamento acabam emergindo em desastrosas explosões ou outras formas de reações emocionais exageradas. Esse tipo de conflito é destrutivo. As pessoas dizem coisas cruéis uma para a outra, que não estão necessariamente sentindo, o que resulta em uma mágoa intensa e desnecessária. Os parceiros se descontrolam. Depois da explosão, eles se arrependem e se envergonham do seu comportamento, porém, uma vez mais, enterram a mágoa e a raiva até que ocorre uma nova gota d'água, e uma nova explosão tem lugar. Esse padrão cíclico e destrutivo de conflito só pode ser alterado quando os parceiros se envolvem no aprendizado de como lidar aberta e regularmente com a mágoa, a raiva e o desapontamento. No entanto, quando os parceiros temem o conflito, eles tendem a evitar essas divergências necessárias, tornando-se suscetíveis a nocivas explosões periódicas.

Quando permitimos que as pessoas nos tratem de uma maneira sórdida e abusiva porque temos medo do conflito, deixando de nos impor, acabamos perdendo o respeito próprio. Aqueles que nos maltratam também deixam de sentir respeito por nós porque aceitamos o abuso, de modo que continuam a nos tratar com crueldade.

Podemos optar por evitar alguns conflitos de pequena monta porque a pessoa não é importante para nós, ou os problemas são por demais insignificantes e não merecem a energia emocional que seria despendida se lidássemos com eles. No entanto, algumas pessoas têm a tendência a evitar, minimizar e racionalizar um excesso de conflitos, alegando que eles são irrelevantes quando, na realidade, o medo é a motivação subjacente. Se for esse o caso, precisamos ser mais sinceros com nós mesmos. Seria proveitoso conversar a respeito desses assuntos com um amigo de confiança que possa nos ajudar a sermos mais sinceros com nós mesmos.

Nem todos os conflitos promovem a resolução de problemas. Na verdade, em algumas situações, o problema pode até mesmo piorar, mas pelo menos temos a satisfação de ter enfrentado o conflito e feito o melhor que podíamos. O resto colocamos nas mãos de Deus. Às vezes, as pessoas vivem em uma atmosfera tão conflituosa que precisam ser seletivas, escolher suas batalhas e priorizar as questões que merecem ser debatidas, caso contrário, estariam em permanente conflito.

Os casais que vivem em conflito constante vivem em uma atmosfera hostil e agressiva, na qual os parceiros culpam um ao outro, fazem ataques pessoais e praticam o abuso emocional ou até mesmo físico. Essas pessoas precisam aprender a travar uma luta justa e encontrar uma solução para os conflitos incessantes que correm o risco de se tornar um estilo de vida. Essas pessoas provavelmente colheriam benefícios se ingressassem em um grupo de treinamento de controle da raiva.

Os tipos de conflito que acabo de descrever não são aqueles que devem ser tolerados ou incentivados. No entanto, esses conflitos destrutivos são os que a maioria das pessoas percebe como sendo conflitos. O que nos ensinaram ou aprendemos sobre o conflito foi negativo: não faça isso; é perigoso; pode conduzir à rejeição; o conflito implica necessariamente a violência, culpar o outro, alguém ter que estar certo ou errado – uma luta de poder. É compreensível que tenhamos medo do conflito e desejemos evitá-lo. O tipo de conflito que estou incentivando, e que é necessário, é o conflito que normalmente surge quando duas ou mais pessoas vivem juntas em uma atmosfera de sinceridade. Nessa atmosfera, na qual as pessoas são abertas e sinceras uma com a outra, haverá discordâncias, diferenças e revelações dolorosas. Isso é normal e inevitável, caso contrário, o relacionamento é superficial e, possivelmente, falso. Quando buscamos relacionamentos sinceros, o conflito é uma possibilidade genuína.

Precisamos reconhecer os nossos conflitos e ser responsáveis por eles.

O CONFLITO É INEVITÁVEL

Vamos examinar o tipo de conflito apropriado que ocorre nos relacionamentos saudáveis, o conflito que é inevitável e pode ser um motivo de crescimento. O conflito pode ajudar a manter um relacionamento em boa forma, obrigando as pessoas a lidar com as suas diferenças, divergências e equívocos saudáveis. O conflito é um aspecto criativo de qualquer relacionamento. No livro de Gênesis, Deus criou um universo ordenado a partir de uma massa confusa, o tipo de confusão que frequentemente acompanha o conflito. Este nos oferece oportunidades de efetuar mudanças nos nossos relacionamentos. É por esse motivo que encaramos o conflito como uma oportunidade de crescimento.

Que coisas positivas podemos aprender a respeito do conflito? Primeiro, ele é um desafio. Acontece inevitavelmente quando as pessoas vivem juntas, bem como em todos os relacionamentos íntimos. O conflito faz virem à tona novas informações e indica que algo precisa ser abordado ou resolvido. No conflito reunimos uma grande quantidade de fatos que desconhecíamos sobre a outra pessoa; necessidades não satisfeitas e sentimentos não reconhecidos, impressões equivocadas e divergências podem ser esclarecidos e revelados. Começamos a compreender que precisam ser feitas alterações, ajustes e concessões. Ficamos mais sensíveis um ao outro. Às vezes, ficamos chocados e estupefatos com as revelações que o conflito traz à tona. No entanto, as diferenças entre as pessoas não são perniciosas; são normais. O conflito as expõe.

Precisamos reconhecer os nossos conflitos e ser responsáveis por eles. Precisamos dispersar as fitas negativas a respeito do conflito, que se originaram na nossa infância, dissipar o conceito de ganhar e perder, de culpar o outro, ou de partir do princípio de que existe algo errado com um de nós. Com frequência, precisamos tomar a iniciativa de abordar um conflito. O fato de iniciarmos um conflito não nos torna pessoas más, e sim, pessoas corajosas, em busca da verdade que irá nos libertar.

Na realidade, o conflito nos ajuda a manter a nossa identidade para que não sejamos engolidos ou controlados por outra pessoa. Também reconhecemos e estabelecemos limites um com o outro. O controle e a submissão destroem os relacionamentos saudáveis. É na esfera das diferenças que os casamentos crescem, ficam estagnados ou acabam. Esse é o estágio em que as pessoas se divorciam prematuramente antes de ter dado a si mesmas a oportunidade de entender e resolver as suas diferenças. Em vez de se considerar incompatíveis, não seria melhor se elas se vissem como sendo ao mesmo tempo diferentes e iguais?

O conflito saudável nos ensina a negociar uns com os outros. Isso se baseia na teoria de que os papéis, nos relacionamentos íntimos ou no trabalho, surgem de um processo. As pessoas precisam conversar sobre os problemas e ouvir o que cada uma tem a dizer, enquanto compartilham seus pensamentos, sentimentos, opiniões e pontos de vista, sem se colocar na defensiva.

Os cônjuges vêm de ambientes diferentes e têm diferentes opiniões a respeito do dinheiro, da criação dos filhos, de onde e como comemorar os feriados, se a mãe deve trabalhar e assim por diante. Os cônjuges aprendem a compartilhar informações e a dialogar, tendo em mente esses novos fatos. Eles aprendem a concordar em algumas questões, a cooperar, a fazer concessões e a tolerar as idiossincrasias um do outro. Tudo isso produz um melhor entendimento e ajuda as pessoas a desenvolver a confiança uma na outra. Os cônjuges não apenas passam a se conhecer mais intimamente, como também a se conhecer melhor por causa da interação. Conhecer o outro profundamente é um aspecto importante da espiritualidade do casamento.

Se nos comportarmos dessa maneira em todos os nossos relacionamentos, também poderemos esclarecer para nós mesmos o que pensamos, o que percebemos, como nos sentimos e quais são as nossas necessidades. Esse comportamento dissipa a tensão, a confusão e os equívocos. Podemos, então, efetuar os ajustes necessários para lidar com a outra pessoa e conhecer melhor as necessidades um do outro. Quando tudo isso acontece, nós nos sentimos aliviados e mais tranquilos com relação a nós mesmos e ao outro. É como a calmaria que sucede a tempestade.

O conflito também nos ajuda a superar a rigidez e a ser mais flexíveis um com o outro. É por esse motivo que, quando um dos cônjuges sempre cede ao outro pelo bem da paz, o primeiro não apenas está renunciando à sua identidade e respeito próprio, como também permitindo que o outro se torne mais rígido e controlador. Esse é um padrão nocivo encontrado em alguns casamentos.

Quando temos a profunda sensação de que algo está errado em um relacionamento – a ansiedade está se avolumando, o ressentimento está aumentando ou estamos começando a ficar irritados devido a assuntos de somenos importância – precisamos perguntar o que está nos incomodando e depois começar a manter um diálogo com o outro a respeito do assunto.

Quando hesitamos em nos comunicar e deixamos de dar importância a sinais de advertência, estamos pedindo para ter problemas. Às vezes, dizemos que não queremos aborrecer a outra pessoa ou temos medo de ferir os sentimentos dela. Mas isso são apenas desculpas. Temos medo do conflito. Estamos "negando a realidade" e nos entregando à racionalização. Se formos capazes de reconhecer o medo do conflito que todos temos, poderemos amparar melhor um ao outro enquanto tentamos enfrentar questões desagradáveis. Derrubamos os muros de resistência ao conflito quando compartilhamos a nossa ansiedade a respeito dele.

O medo de magoar outra pessoa como razão para evitar o conflito é uma das desculpas mais comuns que costumo ouvir. Mas isso é uma escapatória. Frequentemente, mascaramos esse medo do conflito sob o disfarce de que ferir os sentimentos de outra pessoa não é uma atitude cristã. Pensar dessa maneira significa entender erroneamente um importante ensinamento religioso. Às vezes, temos medo da rejeição, de sermos magoados, de que não gostem de nós, de perder o controle sobre nós mesmos ou até mesmo da violência.

Alguém em um relacionamento saudável e sincero pode evitar a mágoa normal que ocorre quando temos que ser dolorosamente verdadeiros um com o outro? Essa mágoa acompanha o território. Ferir os sentimentos de outra pessoa não é pecado! Na realidade, essa sinceridade pode ser um ato de interesse e amor por ela. O que precisamos evitar é dizer a verdade dolorosa com palavras mal-intencionadas ou insultos, porque, nesse caso, a pessoa só ouve a linguagem maldosa e não percebe a mensagem que está sendo transmitida.

Jesus frequentemente feria os sentimentos das pessoas por ser sincero, mas também nos dizia diretamente: "A verdade nos libertará" (João 8,32). Ele não dizia que a verdade não magoaria. Na realidade, dizer a verdade é difícil, mas a alternativa é muito mais desastrosa para nós mesmos e para os nossos relacionamentos. Como escreve Paulo: "Dizei a verdade um ao outro no amor" (Efésios 4,15) – sem sarcasmo, sem raiva e sem o desejo de marcar pontos em um debate. Deixar de falar com sinceridade não apenas é prejudicial para a outra pessoa, como também é um pecado de omissão. Com frequência, são perdidas oportunidades quando uma possível mudança, crescimento e vislumbres teriam ocorrido entre as pessoas envolvidas.

Ferir os sentimentos de outra pessoa não é pecado.

O conflito também pode indicar a necessidade de mudança, readaptação e até mesmo de mudança de papéis em uma família. A esposa pode precisar que o marido a ajude nas tarefas domésticas porque também trabalha fora. Quando as necessidades dela não estão sendo satisfeitas, ou se o parceiro for especialmente insensível às necessidades emocionais da esposa, o conflito exporá tudo isso, e ajustes poderão ser feitos. Se, por outro lado, os parceiros retrocederem ao silêncio em vez de se envolverem no conflito, podemos entender por que mais casamentos estão acabando por causa do silêncio do que devido à violência. Muitas doenças emocionais, como a depressão, bem como muitos problemas físicos, são não raro sintomas de sentimentos reprimidos, especialmente de raiva, frustração ou desapontamento, e também do fato de as pessoas evitarem o conflito.

Este é inevitável, mas pode ser positivo e criativo. Pode ser estruturado, quando tomamos a decisão de falar com outra pessoa e depois definimos momento e lugar mutuamente convenientes para a conversa. A questão é se escolhemos "brigar" de uma maneira adequada ou inadequada. Voltar a antigos padrões negativos de conflito não dará certo. Os gritos e berros, as reações exageradas e a agressividade significam apenas que ninguém está ouvindo. Dizer palavrões, caluniar os pais, tentar envergonhar o outro por meio de odiosas comparações, ataques pessoais, culpar o outro, cometer exageros irracionais são comportamentos que afastam as pessoas dos assuntos pertinentes, fazendo com que desperdicem tempo defendendo o seu caráter ou lidando com questões secundárias enquanto evitam os verdadeiros problemas. Retirar-se da presença do outro, mudar de assunto, introduzir outras queixas na conversa, abordar questões não resolvidas do passado, usar palavras genéricas como "sempre" e "nunca", são maneiras tortuosas de sabotar qualquer conflito construtivo. No entanto, provocar um conflito construtivo vale o risco de às vezes ter uma briga inadequada. A briga adequada requer uma certa dose de autocontrole e autodisciplina.

Ficar na defensiva é outra maneira de invalidar os benefícios do conflito construtivo. Quando nos colocamos na defensiva, não somos sensíveis ao que a outra pessoa está dizendo ou sentindo. Temos a impressão de que estamos sendo atacados, de modo que atacamos e/ou negamos. Bem no fundo, a nossa atitude defensiva significa o seguinte: tenho medo de que ela me deixe; serei abandonado; não quero ser magoado; ele vai parar de me amar; há algo errado comigo, o nosso casamento está desmoronando. Quando duas pessoas que estão na defensiva se encontram, o verdadeiro problema que existe entre elas deixa de ser abordado, e elas acabam se vendo em um conflito improdutivo que conduz à frustração e à exaustão emocional. Podemos controlar a nossa atitude defensiva evitando reagir, permanecendo calmos e obrigando-nos a ouvir atentamente o que a outra pessoa está dizendo. Podemos querer combinar de fazer uma pausa para esfriar os ânimos e depois voltar a conversar. Dessa maneira, não apenas controlamos a nossa atitude defensiva, como também exercemos uma influência calmante sobre a outra pessoa, à medida que nos tornamos mais conscientes dela.

Uma das razões pelas quais existem casamentos gravemente problemáticos e uma elevada taxa de divórcio é que um grande número de dificuldades entre os parceiros envolvidos permanece não resolvido. Alguns casamentos não têm a mínima chance desde o início, visto que os cônjuges não podem resolver conflitos entre si porque não lidaram com os conflitos não resolvidos dentro de si mesmos. Problemas como a baixa autoestima, sentimentos inadequados a respeito do eu, a vergonha e a culpa nos impedem de participar de divergências saudáveis.

Compreender os conflitos internos um do outro, originários da família de origem, pode ser benéfico para os conflitos que temos um com o outro. Quando compreendemos que o nosso cônjuge está sobrecarregado com questões não resolvidas de raiva, mágoa, desapontamento e abandono com relação aos seus pais, podemos evitar levar tudo o que ele diz para o lado pessoal e procurar entendê-lo melhor. Mas ele precisa assumir a responsabilidade de resolver essas questões dentro de si mesmo.

O casamento requer pessoas autoconfiantes que amem a si mesmas para que possam amar e tolerar uma à outra, e também ter a coragem de participar de um conflito conduzido de uma maneira satisfatória. O cônjuge amadurecido é receptivo aos sentimentos, problemas e ansiedades do outro, mas não fica esmagado e nem se deixa contaminar por eles, caso contrário, os parceiros se tornam parte do problema, em vez da solução. Quando isso acontece, tem lugar o que chamamos de codependência.

Algumas habilidades nessa questão do conflito podem ser adquiridas, como a escolha do momento certo, ou seja, saber quando brigar ou não brigar, ou, se o conflito estiver se arrastando ou estiver fora de controle, quando "pedir tempo". Pode significar programar uma ocasião para se comunicar a respeito de questões delicadas. Essas e muitas outras habilidades podem ser adquiridas. Existe, hoje em dia, bastante conteúdo disponível a respeito do assunto, como o livro *You just don't understand*, de autoria de Deborah Tannen. Há também seminários que ensinam a arte da resolução de conflitos e como brigar de uma forma adequada. As nossas escolas de ensino médio e superior deveriam ensinar isso e muito mais coisas a respeito dos relacionamentos para todos os seus alunos. Precisamos absorver informações eficazes de especialistas como o Dr. Phil McGraw, como as contidas no seu livro *Relationship Rescue.*

Como reiterei nestas páginas, precisamos ter compreensão e entendimento a respeito da nossa família de origem. Essa família é um verdadeiro manancial de informações. Voltamos a ela para entender, não para culpar. Podemos aprender com a nossa família as nossas atitudes diante do conflito, como aprendemos a brigar de uma maneira adequada ou inadequada, ou como aprendemos a não brigar e ocultar problemas e sentimentos. Já presenciamos um conflito entre os nossos pais. O silêncio foi usado como uma arma letal ou como um meio de evitar a situação, ou as duas coisas? Ouvi muitos adultos afirmarem que nunca viram os pais tendo uma desavença. O que isso diz? Eles escondiam o que os estava incomodando? Preservavam a paz a qualquer preço? Se brigavam, como lidavam com a raiva e o conflito? Quando crianças, éramos punidos quando expressávamos raiva ou nos envolvíamos em um conflito? Os nossos pais distinguiam entre a raiva e os conflitos apropriados e os inapropriados?

Todos esses remanescentes da nossa família de origem têm sido às vezes reforçados por atitudes religiosas negativas que nos dizem que o conflito é um pecado que deve ser evitado. Interpretamos erroneamente a raiva e o conflito, sobre os quais lemos nas Sagradas Escrituras. Muitas pessoas cresceram com três perspectivas diante do conflito. O conflito era um pecado, de modo que, se eu era apanhado no conflito, me sentia culpado. Segundo, o conflito fazia com que eu me sentisse envergonhado por ser criticado por ceder a ele, o que fazia com que eu me sentisse mal com relação a mim mesmo, e culpado porque "eles" me diziam que brigar era errado. Finalmente, o conflito causa algum sofrimento, de modo que eu o evito.

Algumas pessoas foram criadas em famílias extremamente conflituosas, nas quais foram terrivelmente marcadas. Depois, reviveram o passado, vivendo em casamentos conflituosos, ou foram para o extremo oposto, firmando um contrato consigo mesmas de que iriam evitar todo e qualquer conflito no seu casamento. Em ambos os casos, estão sendo controladas pelo seu passado.

Um meio-termo se faz necessário. Aceite que parte da vida envolve o conflito, mas observe as regras da adequação quando o conflito tem lugar. Podemos reviver o passado repetindo-o, rebelando-nos contra ele ou reconstruindo-o. Podemos reconstruir o passado aprendendo com as fraquezas e a disfunção da nossa família de origem. Podemos então criar maneiras satisfatórias e adequadas de expressar o conflito e a raiva, o que, com o tempo, determinará para nós relacionamentos saudáveis e funcionais.

Eis algumas sugestões sobre o conflito adequado:

- Ouça com atenção a outra pessoa;
- Peça que a pessoa esclareça o que está dizendo, pensando, sentindo, percebendo, precisando;
- Seja respeitador;
- Discorde sem ser desagradável;
- Não insulte a outra pessoa e nem use uma linguagem ofensiva ou sarcástica;
- Evite interromper o outro;
- Reduza a emotividade;
- Evite fazer declarações que contenham as palavras "sempre" ou "nunca";
- Faça uma pausa se o conflito estiver ficando fora de controle, mas marque uma hora para retomar o conflito.

Essas abordagens não são fáceis, mas podem ser extremamente úteis.

O CONFLITO É NECESSÁRIO

É difícil imaginar que o conflito não ocorrerá em qualquer área da vida na qual as pessoas estejam reunidas e interagindo. O conflito é absolutamente necessário para que as pessoas possam estabelecer limites, manter a própria identidade, conhecer uma à outra, esclarecer impressões e pontos de controvérsia, resolver problemas e ser capazes de dar seguimento à sua vida. O conflito derruba os muros que nos separam, desloca os impasses que nos mantêm paralisados e abre as vias de comunicação. Nessa atmosfera, os casamentos e as famílias podem florescer e crescer juntos na confiança e no amor.

O conflito é um meio de crescimento.

O conflito sempre foi uma característica da nossa tradição cristã. Jesus estava em conflito com os líderes religiosos da sua época, as primeiras comunidades cristãs estavam em desacordo, Pedro e Paulo tinham divergências, e os conflitos nas comunidades cristãs continuam até hoje. "Onde dois ou três estão reunidos em meu nome, aí estou eu no meio deles" (Mateus 18,20). E ele poderia ter acrescentado: "haverá conflito". "Reunidos" não apenas significa que as pessoas estão de acordo, mas também que elas discordam.

Aprender a participar de um conflito saudável nos obriga a enfrentar as fitas negativas que tocam dentro de nós. Elas formam os nossos conflitos com nós mesmos. O nosso relacionamento com nós mesmos é o mais importante que nós temos. Se pensarmos coisas ruins e nos sentirmos mal a respeito de nós mesmos, desmoronaremos quando nos encontrarmos no mais simples dos conflitos com outra pessoa. Temos portanto que confirmar quem somos, amar e perdoar a nós mesmos, e pegar a raiva que sentimos por nós mesmos e usá-la criativamente para produzir uma mudança dentro de nós. Quando permitimos que alguém nos atinja e faça com que nos sintamos imprestáveis, precisamos ter compaixão por nós mesmos e assumir a responsabilidade por deixar que a outra pessoa nos faça sentir culpados ou envergonhados, ou nos leve a reagir de uma maneira exagerada. Precisamos nos concentrar em nós mesmos e compreender que somos a única pessoa que podemos mudar e que, quando entendemos a nós mesmos, podemos efetuar mudanças e controlar as nossas atitudes.

Certas pessoas, porque sofrem de uma grave patologia, como a desconfiança, o ódio, a paranoia ou a esquizofrenia, não são bons candidatos a um conflito criativo e saudável. O mesmo pode-se dizer das pessoas que têm tendência para a violência ou a fúria. Será preciso evitá-las ou lidar com elas por meio da intervenção de um grupo, ou de outras maneiras apropriadas e protetoras. O contato dessas pessoas com a realidade é muito deficiente e distorcido, e elas não conseguem compreender a si mesmas. Carecem do controle sobre si mesmas. Temos que ser firmes com elas, porém de uma maneira amorosa.

É claro que é desnecessário dizer que, se o conflito com uma pessoa perigosa tem a possibilidade de ser nocivo para nós, precisamos evitar esse confronto, talvez distanciado-nos física e emocionalmente dela. A esposa separada que lida com um marido que foi violento precisará que uma terceira esteja presente para protegê-la quando ele for buscar as crianças.

É fundamental que ensinemos aos nossos filhos desde uma tenra idade que o conflito é normal, necessário e inevitável. Precisamos ensinar a eles a diferença entre o conflito adequado e o inadequado. Tomaremos medidas para que eles saibam como "brigar", mas não os impediremos de ter uma dose razoável de conflito ou divergência entre eles. Nós lhes ensinaremos que a violência, bem como o abuso físico e emocional não são permitidos. O essencial é escutar o outro com atenção e ser aberto e sincero. Acima de tudo, os pais precisam ser exemplos para os filhos de como brigar adequadamente. As crianças podem vir a saber que os pais divergem, têm brigas, mas continuam a viver, a amar e a perdoar um ao outro.

O conflito mantém as realidades dolorosas da vida diante de nós, mas é enfrentando essas realidades dolorosas que permanecemos emocional, mental e espiritualmente sadios. O contato próximo entre duas pessoas significa que o calor humano e a ternura estarão presentes no relacionamento, mas também que, às vezes, o atrito e a divergência se manifestarão.

Em resumo, o conflito nos relacionamentos não apenas é necessário, como também inevitável. Ele pode propiciar uma oportunidade de crescimento. Passamos a compreender melhor a nós mesmos, os outros e os assuntos em questão. Precisamos abandonar as atitudes negativas a respeito do conflito e adotar uma conduta positiva. Com essa maneira de encarar o conflito, teremos a capacidade não apenas de manter os nossos relacionamentos, mas também de desenvolvê-los e alimentar a intimidade que buscamos e necessitamos.

Para ficarmos abertos para a vida e o amor, precisamos permanecer receptivos ao conflito. Ninguém se sente à vontade com o conflito, mas não podemos permitir que o medo do conflito controle os nossos relacionamentos. Depois que enfrentarmos o conflito e passarmos por ele, nós nos sentiremos mais em paz e, no mínimo, teremos um sentimento de satisfação. O conflito é uma forma de crescimento porque fortalece a nossa autoconfiança. O conflito saudável e adequado é parte ímpar da espiritualidade porque nos obriga a atravessar situações dolorosas, esperançosamente transcendendo-as e sendo transformados por elas. Precisamos permitir que o conflito tenha um lugar honrado nos nossos relacionamentos.

4.

INTIMIDADE

Intimidade. As pessoas usam indiscriminadamente essa palavra. O que ela significa? Como a alcançamos?

De acordo com uma teoria desenvolvida por Robert Steinberg (1986), o amor tem três componentes distintos: a paixão, um intenso desejo por outra pessoa; a intimidade, que é compartilhar com outra pessoa todos os nossos sentimentos, pensamentos, necessidades e ações; e o compromisso, a disposição de permanecer com uma pessoa nos bons e nos maus momentos. Essas mesmas ideias a respeito do amor são confirmadas pelo ensinamento de Cristo. No que diz respeito à paixão, Jesus disse: "Permanecei em mim, como permaneço em vós" (João 14,4); com relação à intimidade: "Não mais vos chamo de servos, mas de amigos, porque vos revelei tudo quanto ouvi do meu Pai" (João 15,15); no que tange ao compromisso: "Ninguém tem mais amor do que aquele que dá a vida por seus amigos" (João 15,13).

Algumas pessoas pensam em sexo quando ouvem a palavra intimidade, mas esse é apenas um pequeno aspecto da intimidade. A genuína intimidade também contém componentes emocionais e psicológicos. Esse é o tipo de intimidade que somos todos chamados a alcançar. Ela envolve a capacidade de repartir mútua e profundamente o nosso ser com outra pessoa.

A intimidade diz respeito àquele profundo anseio que existe dentro de todos nós.

O compartilhamento sexual é fruto da intimidade emocional e psicológica. O componente sexual pode alimentar, apoiar e aprimorar a autêntica intimidade, mas ele não é intrinsecamente a intimidade. A intimidade diz respeito àquele profundo anseio que existe dentro de todos nós de conectar-nos estreitamente com outra pessoa. No final, essa outra pessoa é Deus. As Sagradas Escrituras estão repletas de expressões desse anseio, como Salmos 42: "Como a corça anseia pela água corrente, assim a minha alma suspira por vós, ó Senhor, meu Deus". Lemos em Isaías sobre o relacionamento íntimo entre mãe e filho: "Pode uma mãe abandonar o seu filho? E mesmo que o faça, jamais te abandonarei" (Isaías 49,15).

Esse anseio está entrelaçado na estrutura do nosso ser e é a origem da nossa intimidade espiritual com Deus. Muitas pessoas são incapazes de identificar esse anseio ou, devido a um grave dano emocional, o anseio fica confuso e distorcido. Não obstante, ele está presente em todos nós. A maneira como procuramos satisfazê-lo é tarefa de uma vida inteira. Podemos escolher métodos construtivos e criativos para fazer isso, ou métodos destrutivos. Até mesmo nos casos extremos de vício, a meta, em última análise, é a busca de intimidade da pessoa.

Os homens foram socializados para serem emocionalmente distantes. Em geral, o seu próprio pai está por trás disso. Em algumas instituições masculinas, os homens não aprenderam a sentir ou estar próximos de ninguém. Espera-se que os homens raciocinem e não que tenham sentimentos. Nós, homens, nunca aprendemos a integrar os sentimentos e o pensamento, a reuni-los nos nossos relacionamentos íntimos. Sabemos como separar um do outro, o que pode funcionar até certo ponto em uma situação de escritório ou nos negócios, mas não na vida pessoal e nos relacionamentos.

A jornada em direção à intimidade está coberta de sucessos e insucessos, mas é uma jornada que precisamos fazer. É uma busca humana e espiritual. Se estamos em contato, emocionalmente conectados com nós mesmos e tivermos experimentado a conexão e a proximidade emocional com outras pessoas, seremos capazes de experimentar a proximidade e a conexão emocional com Deus.

A INTIMIDADE COM O EU

Como começamos a alcançar essa intimidade? Esta principia quando começamos a desenvolver um profundo sentimento de conscientização de nós mesmos, e depois um profundo sentimento de conscientização das outras pessoas. Em primeiro lugar, acima de tudo, precisamos obter intimidade com nós mesmos. Ter consciência de nós mesmos significa estar em contato com nosso mundo interior – nossos pensamentos, atitudes, opiniões e, especialmente, nossas necessidades e sentimentos; até mesmo com as nossas ansiedades e incertezas, e talvez com os sentimentos de depressão.

Nem sempre estamos em contato com o nosso mundo interior ou conscientes do que está acontecendo dentro de nós, mas esse nível de conscientização nem sempre é necessário. Grande parte da nossa vida cotidiana acontece de um modo rotineiro; mas quando vivemos o tempo todo dessa maneira, sem parar para refletir sobre o que está tendo lugar na nossa vida, estamos desligados de nós mesmos.

Para que possamos encontrar significado e integração na vida, é necessário que, em certos momentos do dia, estejamos em contato com os nossos pensamentos e sentimentos e reflitamos sobre eles. Temos que fazer um esforço concentrado para reservar diariamente um período para refletir não apenas sobre o que aconteceu, mas também sobre o que sentimos e pensamos a respeito do que aconteceu, e como percebemos o mundo à nossa volta durante cada experiência. Pode ser um evento trágico nos noticiários, a doença repentina de um amigo querido ou sentimentos de mágoa causados por um comentário grosseiro.

Frequentemente, sugiro que as pessoas reservem um momento de pausa para rezar, refletir e poder assimilar o que lhes ocorreu durante o dia.

É impressionante constatar a quantidade de experiências não assimiladas que carregamos conosco. É compreensível que fiquemos atolados e inseguros com relação ao que pensamos e sentimos a respeito de inúmeras questões. Estamos desconectados das nossas mágoas, choques, desapontamentos ou perdas. Nem mesmo temos consciência das alegrias, das surpresas e dos momentos felizes e agradáveis da vida. O resultado é que um dia escoa em outro até termos uma vida não assimilada, a qual nem contemplamos, e que, às vezes, reprimimos.

À medida que entramos em contato com nós mesmos, desenvolvemos discernimento, que é o entendimento do que pensamos, do que sentimos e de por que nos comportamos de uma determinada maneira. Quando compreendemos o que existe dentro de nós, estamos vivendo o Espírito Santo em ação na nossa vida, mas Deus só atua em nós se trabalharmos juntos a ele. Quando refletimos, Deus derrama luz na nossa vida. É nesse contexto que começamos a entender algumas das indagações que temos a respeito de nós mesmos.

Com constatações recém-descobertas a respeito de nós mesmos, somos capazes de avançar para o estágio seguinte, que é mais difícil, e que chamo de integração. Ele envolve estarmos dispostos a reunir as experiências da nossa vida e, como resultado, produzir uma mudança nela, que, como poderemos vir a perceber, tem sido frequentemente controlada pelas experiências do passado. Tudo isso, então, conduz à intimidade e à proximidade com nós mesmos, o que, por sua vez, nos leva a encontrar uma totalidade, um conhecimento maior sobre nós mesmos, a sensação de estar à vontade com nós mesmos e com o que pensamos e sentimos. Significa alcançar uma espécie de entendimento e aceitação de nós mesmos e do nosso passado.

O nosso primeiro relacionamento, e o mais importante, é aquele que temos com nós mesmos. Se não nos sentimos à vontade com nós mesmos, se não estamos em contato com nós mesmos, se não nos conhecemos, como podemos atingir um nível de intimidade com outra pessoa? Podemos aprender muito sobre nós mesmos, nos nossos relacionamentos com os outros, se conseguimos nos concentrar nos sentimentos e pensamentos que têm lugar dentro de nós quando interagimos com as outras pessoas.

A INTIMIDADE COM OUTRA PESSOA

Tornarmo-nos íntimos de outra pessoa significa estar em contato com o mundo interior dela. Significa saber o que ela pensa, o que percebe, o que ela precisa e, acima de tudo, o que ela sente. É preciso que tudo isso seja mutuamente compartilhado. Esse tipo de exposição aberta e sincera produzirá um nível mais profundo de confiança no relacionamento. Uma intimidade assim só pode se desenvolver depois de um certo tempo. Ela requer um trabalho árduo. Não existem maneiras rápidas de alcançá-la; exige tempo e contém riscos. Terão lugar fracassos, desapontamentos, raiva, confusão e conflitos.

A proximidade emocional com outra pessoa às vezes é dolorosa, e temos que ser capazes de manter uma certa dose de vulnerabilidade. Gradualmente, à medida que nos tornamos mutuamente mais abertos e sinceros ao revelar-nos um para o outro, aprofundaremos a nossa confiança recíproca. A confiança é um importante componente do desenvolvimento da intimidade. É a base sobre a qual é construído um relacionamento amoroso.

Para ter intimidade com outra pessoa, precisamos compartilhar com ela a nossa instabilidade, os nossos desapontamentos e frustrações, bem como as nossas alegrias e satisfações. Para que a intimidade aconteça, precisamos expressar um para o outro o que pensamos e sentimos a respeito das nossas experiências pessoais e daquelas que temos juntos. Isso significa que precisamos falar regularmente sobre o que está acontecendo conosco e sobre como nos sentimos a respeito do que está acontecendo entre nós (ou do que não está acontecendo), e sobre como nos sentimos a respeito de tudo isso.

Deixamos, sem pensar, um dia simplesmente fluir para outro? Se for este o caso, com o tempo uma sobrecarga emocional se avolumará dentro de nós, sobrecarga essa formada por um acúmulo de experiências não declaradas e não resolvidas. Essa é a situação desagradável na qual muitos casais se encontram. Quando isso acontece, a realização da intimidade é bloqueada. Pense na frustração de muitas mulheres que perguntam ao marido quando ele volta do trabalho: "O que aconteceu hoje?" e recebem a mesma resposta todos os dias: "Nada". São respostas como essa que impedem as pessoas de compartilhar suas experiências. Por outro lado, esses momentos aparentemente sem importância oferecem oportunidades de ouro para que possamos conhecer e entrar no mundo um do outro.

A comunicação franca e sincera, que inclui ouvir com atenção, é a habilidade que possibilita que nos tornemos sensíveis um ao outro. O oposto, a insensibilidade mútua nos relacionamentos, especialmente no casamento e na família, impede que a intimidade se torne uma realidade.

Às vezes, o medo do insucesso ou a lembrança de fracassos em relacionamentos anteriores nos rondam. Não temos certeza se queremos que nos conheçam e receamos não ser aceitos ou compreendidos. É possível que nos magoem ou não gostem de nós, que nos achem carentes, que não nos ouçam ou nos rejeitem. Se as nossas experiências do passado foram assim ou se memórias semelhantes da nossa família de origem nos atormentam, certamente teremos medo de correr o risco de fazer qualquer tentativa de desenvolver um relacionamento íntimo.

É compreensível que as pessoas sabotem possíveis relacionamentos íntimos. A não ser que estejamos dispostos a enfrentar a dor que acompanha a obtenção da intimidade, a lidar com os nossos fracassos e correr os riscos envolvidos, não seremos capazes de provar os frutos da intimidade. É por esse motivo que grande parte da atividade sexual prematura dá errado. Trata-se de uma tentativa de encontrar a intimidade, mas é um atalho; atalho esse que contorna a dor de criarmos fortes raízes na vida de outra pessoa.

A INTIMIDADE E A FAMÍLIA DE ORIGEM

Grande parte do nosso entendimento da intimidade depende do que vivemos na nossa família de origem. Os membros da nossa família alimentavam um sentimento de proximidade emocional uns com os outros? Nós nos expressávamos emocionalmente com os outros membros da família? Compartilhávamos profundamente as alegrias e tristezas da nossa vida? Os nossos pais se expressavam emocionalmente um com o outro por meio de palavras e ações? Vivíamos em uma atmosfera de confiança na qual podíamos falar livre e abertamente, expressar os nossos sentimentos, raiva ou afeto? Ou não nos sentíamos à vontade para expressar as nossas emoções, a ponto de guardar os nossos sentimentos para nós mesmos? A intimidade envolve aquela dicotomia franca e sincera: "Eu o amo e ao mesmo tempo o odeio, concordo e discordo de você, estou satisfeito e insatisfeito com você – mas estou ao seu lado". Muitas pessoas na jornada em direção à intimidade desejam lidar apenas com sentimentos calorosos e evitar os difíceis, as divergências e as diferenças. Essa jornada não levará a lugar algum.

Se a nossa família não tiver nos propiciado as habilidades necessárias para desenvolvermos a intimidade, precisamos compreender que temos que desenvolver essas habilidades na nossa própria vida, o que pode ser feito! Se a nossa família estiver seriamente danificada nas áreas que mencionei, precisamos reconhecer o dano, sentir a dor concomitante, lidar com ela, revelá-la, e depois ficar curados dela antes de seguir em frente. Precisamos assimilar e superar o passado. Como John Bradshaw disse tão bem: "Não conseguiremos colocar o passado no passado enquanto não conseguirmos passar por ele".

Ninguém tem antecedentes familiares perfeitos. Todas as famílias carecem de alguma coisa. Todos procedemos de um maior ou menor grau de disfunção. No entanto, a realidade é que as coisas podem ser diferentes se estivermos dispostos a mudar e seguir em frente. Precisamos de coragem para regressar ao passado, reconhecer as verdades dolorosas lá existentes, o abandono, a mágoa, o dano, e começar a lidar com ele falando a respeito dele. Temos que ter amigos com quem possamos compartilhar tais questões delicadas e sensíveis. Precisamos de grupos de apoio ou de um aconselhamento de qualidade. Voltamos ao passado para entender, não para culpar. Quando compreendemos o passado, podemos ficar curados, tirar da mente as questões que nos incomodavam, perdoar e seguir em frente.

Voltamos ao passado para entender, não para culpar.

As pessoas que se encontram em um relacionamento próximo precisam compartilhar uma com a outra as experiências das suas famílias de origem. Compartilhar as coisas boas e as más faz parte da intimidade. Nessa troca mútua, que pode ser, ao mesmo tempo, dolorosa e interessante, esclarecedora e agradável, os cônjuges chegam a um entendimento mais profundo um do outro e de si mesmos.

Há um programa pré-conjugal chamado "When families marry".* O nome não poderia ser mais adequado, porque, quando duas pessoas se casam, elas levam para o casamento os tesouros da sua família, mas também muita bagagem não resolvida que precisa ser reconhecida e abordada. Quase todas as pessoas jovens que se casam precisam reconhecer como se relacionavam, interagiam, se comunicavam e tratavam os outros na sua família de origem, porque o único modelo de casamento e de família que cada um tem é o deles. As características, boas e más, da família de origem são levadas para o casamento.

Na maioria das vezes, quando os conselheiros matrimoniais lidam com problemas conjugais, eles es-

* Tradução literal: "Quando as famílias se casam" (N. da trad.).

tão, na verdade, lidando com questões não resolvidas relacionadas à família de origem. Talvez o jovem nunca tenha visto os pais brigando, mas tampouco os viu demonstrar emoções amorosas e carinhosas um para o outro. O jovem encara o casamento como um relacionamento dominado pelo homem, pois a relação de seu pai com sua mãe era assim. Uma moça que nunca tenha experimentado intimidade emocional com o pai se pergunta como os homens a aceitam. A jovem que acredita em ser esposa e mãe desconsidera as suas próprias necessidades enquanto cuida dos filhos e do marido – como fazia a sua mãe. Todos os que nunca presenciaram os pais zangados um com o outro, ou que viram os pais cheios de raiva ou discutindo com violência, serão afetados pelo comportamento deles.

Analogamente, os homens e mulheres que procedem de famílias alcoólicas ou gravemente disfuncionais podem estar repletos de culpa, raiva reprimida ou ser codependentes. Não estou afirmando que essas pessoas não possam desenvolver relacionamentos íntimos saudáveis; estou dizendo que elas não serão capazes de formar relacionamentos íntimos enquanto não lidarem com as questões de família não resolvidas. Se as pessoas não receberem informações e entendimento adequados a respeito dos seus antecedentes e do verdadeiro significado da intimidade, o comportamento disfuncional continuará a se perpetuar. Padrões prejudiciais de relacionamento são passados de geração para geração.

Uma visão realista do que é o compromisso nos relacionamentos, especialmente no casamento, implica que os cônjuges concordam em trabalhar em conjunto sobre os problemas de personalidade e as diferenças de convicções e comportamento que reconhecem um no outro, e que procedem do passado de um deles. Esse compromisso não apenas é realista, mas também criativo, porque um novo relacionamento pode emergir por meio da cooperação, da colaboração e do conflito.

POR QUE "BONS" CASAMENTOS FRACASSAM

Por que casamentos aparentemente "bons" fracassam depois de muitos anos? Um dos motivos é que, embora os cônjuges compartilhassem a criação dos filhos, o controle das finanças, bem como os outros aspectos e problemas envolvidos com o funcionamento da família, eles nunca compartilharam a sua essência um com o outro. Nunca desenvolveram um vínculo emocional e psicológico. Quando os filhos passam a viver por conta própria, fora do lar de origem, os cônjuges se dão conta de que realmente não se conhecem e estão emocionalmente distantes um do outro. Algo está faltando no relacionamento. É sempre doloroso presenciar longos casamentos desprovidos de vitalidade, exatamente quando os parceiros poderiam estar desfrutando essa fase da vida e celebrando uma nova era. Hoje em dia, casais que estão juntos há vinte e cinco anos ou mais estão cada vez mais procurando o aconselhamento ou se divorciando. Eles se perderam em muitas coisas, mas não um no outro.

O relacionamento mais importante na família é sempre o existente entre o marido e a mulher. Nem sempre reconhecemos necessariamente esse fato, mas o que acontece no relacionamento se reflete integralmente na família. As crianças sabem que são amadas e se sentem seguras quando percebem que os pais amam um ao outro. Quando isso não acontece, tem lugar o desastre do divórcio, o qual afeta expressivamente as crianças. Estas são afetadas por uma dúvida persistente. "Se a mamãe e o papai não amam um ao outro, como posso ter certeza de que eles me amam, mesmo quando garantem isso?"

Hoje em dia, os pesquisadores oferecem muitas informações que mostram o dano que o divórcio causa aos filhos. Estes podem receber ajuda para serem curados, mas os pais também precisam ser curados, e tanto os pais quanto os filhos precisam de ajuda psicológica e espiritual. O único modelo que as crianças têm do casamento é aquele oferecido pelos seus pais. Se a intimidade estiver ausente desse relacionamento, o que as crianças levam para o seu relacionamento conjugal na área da intimidade e da comunicação? Até mesmo pessoas sofisticadas e instruídas não são mais capazes do que os seus pais de viver uma vida conjugal saudável.

O relacionamento mais importante na família é o existente entre o marido e a mulher.

Hoje, os nossos filhos, apesar de toda a sua educação e sofisticação, estão se casando, como seus pais, e levando para o casamento os mesmos problemas emocionais. Essas pessoas precisavam presenciar uma mãe e um pai que não apenas se amassem, mas demonstrassem afeição, que expressassem a raiva e se envolvessem em conflitos um com o outro, pais que compartilhassem profundamente a sua vida em comum, especialmente no nível emocional; pais que percorressem juntos a sua ansiedade, incertezas e dúvidas; que caminhassem pelos vales sombrios e dançassem no topo das montanhas; que se debatessem com as suas diferenças e depois continuassem a viver juntos, capazes de entregar os pontos e prosseguir juntos. Essa é uma visão realista do que é o casamento: um compromisso que reflete uma profunda intimidade.

É bom lembrar que os nossos pais, quando tentaram nos educar, fizeram o melhor que sabiam fazer. Eles não tinham o tipo de informação que estou passando para vocês. Mas temos que reconhecer e entender as deficiências deles, bem como a maneira como fomos prejudicados e negligenciados, e seguir em frente. Lembre-se de que voltamos para compreender e não para culpar. Se ficarmos empacados culpando os outros, nunca seguiremos adiante.

Ficar empacados pode se tornar uma maneira cômoda de nos escondermos, ou pode ser uma forma de resistência a seguir em frente. Em outras palavras, nunca sentiremos a paz, a alegria, a esperança e a felicidade do Reino dentro de nós mesmos se não olharmos para frente. Se o relacionamento mais importante na família é aquele entre o marido e a mulher, então esse relacionamento precisa ser continuamente cultivado, apesar da presença dos filhos; na realidade, essa atitude é benéfica para os filhos.

Pesquisadores que têm estudado o colapso conjugal observam o estresse no relacionamento entre marido e mulher que o nascimento do primeiro filho acarreta. No jornal *USA Today* de 8 de julho de 2004, John Gottman, professor emérito de psicologia da University of Washington, diz que muitas mães e pais de primeira viagem sentem depressão pós-parto, ficam mais irritados, tendem a brigar e experimentam uma falta de intimidade sexual que pode resultar em infidelidade. Gottman escreve o seguinte: "Trata-se de um período muito centrado na criança, no qual o relacionamento conjugal pode ser negligenciado".

A minha experiência pessoal com casais é que, ao longo dos anos, à medida que o tamanho da família aumenta, a esposa e o marido precisam fazer um esforço conjunto e dedicar algum tempo ao cultivo do relacionamento. Ouvi, inúmeras vezes, cônjuges de meia-idade deplorarem o fato de que, depois que as crianças cresceram, eles tiveram que admitir que haviam negligenciado o seu relacionamento. Com frequência, tive de desafiar casais mais jovens a inventar uma estratégia para programar um período para si mesmos longe das crianças. Nem sempre é fácil criar esse tempo, mas ele é necessário para a sobrevivência do casamento.

INTIMIDADE SEXUAL

Mencionei anteriormente que a intimidade resulta apropriadamente da intimidade emocional e psicológica estabelecida. Para que a intimidade sexual tenha algum significado, ela precisa celebrar uma intimidade emocional que tenha vivenciado anteriormente. No entanto, hoje em dia, as relações sexuais nem sempre são assim. Podemos chamá-las de sexo, ou ato sexual, mas isso nada tem a ver com a intimidade sexual. O resultado é que cada vez mais pessoas estão desiludidas com os seus relacionamentos, que começam com um sexo intenso antes que qualquer envolvimento emocional tenha sido alcançado.

Pessoas me disseram que, se pudessem voltar atrás, fariam questão de ter uma experiência sexual mais completa antes de se casar. Elas estão se referindo aos problemas sexuais que têm no casamento. No entanto, a solução não reside em uma maior experiência sexual. É a ausência de intimidade emocional e psicológica que está criando esses problemas. A falta de conscientização desse fato é comum em toda a nossa sociedade, entre pessoas instruídas e não instruídas, ricos e pobres, jovens e velhos. A maneira de pensar incorreta racionalizou o comportamento sexual com termos como sexo "casual" ou "recreativo", no qual "ninguém se magoa". O problema dessa perspectiva reside mais em destruir a capacidade da pessoa de se relacionar emocionalmente com outra do que na área sexual. O que está sendo destruído nessas pessoas é a capacidade de alcançar a intimidade, de relacionar-se de uma maneira genuína. O envolvimento sexual prematuro em um relacionamento frequentemente sabota a possibilidade de que esse último se torne emocionalmente profundo e duradouro.

A intimidade sexual pode acentuar e alimentar a intimidade emocional que ocorre em um relacionamento onde existe confiança. As duas formas de intimidade estão singularmente entrelaçadas e são sensíveis uma à outra. O fato de a intimidade emocional começar a falhar afeta a qualidade e a frequência do relacionamento sexual, podendo até mesmo fazer com que o relacionamento sexual cesse. Quando os parceiros, em um casamento, conversam comigo a respeito dos seus conflitos emocionais, é evidente que o relacionamento sexual também está com problemas, mesmo antes de eles abordarem abertamente o assunto. Por outro lado, os casais que procuram o aconselhamento psicológico por terem problemas sexuais terão de lidar, com o tempo, com o verdadeiro problema: as dificuldades do seu relacionamento pessoal.

Não raro, as pessoas buscam na experiência sexual algo que está faltando em sua vida. Já ouvi inúmeras mulheres declararem que estão tendo relações sexuais com um homem na esperança de encontrar afeto, bem-estar emocional e proximidade. Os homens, por outro lado, ficam animados e oferecem afeto emocional a fim de conseguir fazer sexo. A sociedade de hoje confere uma ampla liberdade e permissão para as experiências sexuais, mas não propicia às pessoas o entendimento do significado da intimidade emocional e como obtê-la. A intimidade, como afirma a psicóloga Fran Ferder, não consiste em tirarmos a roupa, e sim em removermos as nossas máscaras. Tudo diz respeito à transparência, à franqueza e à sinceridade em um relacionamento próximo.

Precisamos ajudar os jovens a entrar em contato com esse profundo anseio de intimidade, que é basicamente bom e divino, mas que precisa ser explicado e desenvolvido. Eles precisam entender que o seu lado sexual envolve o anseio da proximidade emocional. Como esta é algo que frequentemente não vivenciaram na sua família de origem, eles seguem tropeçando, perdidos, na busca dessa intimidade. A atividade sexual torna-se, então, tão casual e comum quanto ir ao McDonald's comer um hambúrger. O espírito da intimidade autêntica é destruído, e a capacidade de viver um amor genuíno se desgasta.

Uma das coisas não muito conhecidas sobre a intimidade é que a intimidade psicológica e emocional pode ser completa sem que haja uma expressão sexual. Em outras palavras, duas pessoas podem compartilhar uma profunda intimidade emocional sem ter sexo. Algumas poderão querer chamar esse relacionamento de platônico, mas ele é bem mais profundo do que isso.

O QUE A INTIMIDADE É E O QUE ELA NÃO É

É importante compreender o que não é intimidade. Ela não envolve controlar alguém ou a submissão a outra pessoa. Não diz respeito a jogos de poder. Não é dependência ou codependência; mais exatamente, ela consiste na interdependência de pessoas independentes. Não significa ser obcecado por outra pessoa nem possuí-la. E tampouco ser viciado em outra pessoa ou absorvido por ela.

As pessoas que desfrutam a intimidade dão espaço uma à outra. Sabem que existem limites e delimitadores nos relacionamentos e que a sua identidade não está apoiada em outra pessoa. Intimidade não é paixão ou romantismo, embora ela possa ser romântica. Não é um estado de desamparo emocional, mas confere um profundo sentimento de segurança e confiança com relação à outra pessoa, apesar de mágoas e desilusões emocionais. É uma busca permanente para todos nós que a buscamos; e, na verdade, todos precisamos dela.

Temas atuais como a promiscuidade, o sexo pré-conjugal, o divórcio, a solidão, morar juntos antes do casamento, os vícios e muitos outros problemas e questões com os quais nos debatemos estão unidos por uma questão comum mais profunda: o fato de sermos ou não capazes, de estarmos ou não dispostos a escolher a intimidade. Assim sendo, a verdadeira dificuldade reside na obtenção da intimidade com o eu, com o outro e com Deus. Mas não podemos alcançar o que não compreendemos, e não podemos entender enquanto não formos capazes de identificar e interpretar o anseio mais profundo de intimidade que existe dentro de cada um de nós.

5.

O RELACIONAMENTO MAIS IMPORTANTE

A essência do ensinamento de Jesus está resumida na frase "Ama a Deus e ao teu próximo como a ti mesmo". Essa mensagem assenta a base para todo o ensinamento de Jesus, que, basicamente, diz respeito aos relacionamentos. É aqui que a psicologia eficiente e o ensinamento de Jesus se encontram, e não existe nenhuma contradição entre os dois. Os cristãos, às vezes, se concentram no amor a Deus e ao próximo, prestando menos atenção à determinação de Jesus de que amemos a nós mesmos. No entanto, segundo as Sagradas Escrituras, todos estão no mesmo nível. Na realidade, o nosso relacionamento mais importante é o que temos com nós mesmos. Amar a nós mesmos é necessário caso desejemos amar os outros e a Deus. À medida que esse relacionamento conosco prossegue, o mesmo acontece com nosso relacionamento com os outros – e com Deus.

Se não nos dermos bem com nós mesmos, se não nos sentirmos bem, confiantes e em paz com nós mesmos, como poderemos nos dar bem com os outros? Quando o nosso relacionamento com o eu está dessincronizado, perdemos o sentimento de equilíbrio e de limites nos outros relacionamentos. O amor saudável por nós mesmos atua como uma bússola interior que nos mantém no rumo certo nos nossos relacionamentos.

O EU E AS DIFICULDADES CONJUGAIS

Uma das dificuldades mais comuns, mas que, com frequência, passa despercebida, é a ausência do amor por si mesmo por parte de um dos parceiros. É preciso uma certa quantidade desse tipo de amor para sustentar e manter a nossa estabilidade em face da raiva, da discordância e da desafeição procedentes do outro cônjuge. Depois do divórcio, quando a poeira abaixa, os advogados são pagos, e se ou quando os cônjuges pararem de culpar um ao outro, a pessoa divorciada poderá se dar conta de que o casamento fracassou porque "eu não amava a mim mesma o suficiente". Analogamente, um segundo casamento poderá passar por sérias dificuldades se a pessoa que já falhou no primeiro não desenvolver um amor por si mesma.

Amar a si mesmo significa conhecer e assumir a responsabilidade pelos próprios problemas, como conflitos não resolvidos, deixar de se desenvolver ou a ausência da felicidade. Esse é o segredo que faz com que os relacionamentos deem certo. Só podemos pensar em mudar a nós mesmos com a possibilidade de que, então, possamos ser capazes de influenciar outra pessoa a mudar. Romper padrões perniciosos de relacionamento não significa tentar modificar ou culpar outra pessoa; significa, mais exatamente, usar a coragem e a energia que emana de nós para ajustar o nosso comportamento.

Ao longo dos anos, presenciei a melhora de relacionamentos, especialmente no casamento e na família, porque uma pessoa estava disposta a mudar. Muito tempo e energia são despendidos quando tentamos mudar uns aos outros. Por que não usar a nossa energia para mudar a nós mesmos em vez de tentar modificar os outros? Isso não significar ceder ou perder a nossa identidade ou respeito próprio, e sim aprender a responder e lidar uns com os outros de um modo maduro e apropriado. Quando reagimos a outra pessoa de uma maneira razoável, temos o controle de nós mesmos. Quando a nossa reação é exagerada, não estamos no controle; na realidade, quem está no controle é o outro. A Oração da Serenidade expressa isso muito bem:

> Concedei-me, Senhor, a serenidade necessária
> para aceitar as coisas que não posso mudar,
> coragem para modificar aquelas que posso,
> e sabedoria para distinguir umas das outras.

Aqui reside a base da paz e da felicidade interiores, que procedem do contentamento e da satisfação com nós mesmos. Quando fazemos o melhor possível em qualquer situação, independentemente do fato de termos ou não êxito, da outra pessoa reagir de uma maneira positiva ou negativa, das coisas ficarem melhores ou piores, ficaremos satisfeitos com o nosso comportamento e em paz com nós mesmos. Esses são os frutos de um relacionamento amoroso com o eu.

Muitas pessoas não entendem o significado do amor saudável por si mesmas. Elas têm medo de falar a respeito desse amor por achar que os outros poderão considerá-las egoístas ou egocêntricas. Sentem-se pouco à vontade com a ideia de amar a si mesmas. Esse tipo de amor é, às vezes, igualado ao egoísmo, ao egocentrismo e ao narcisismo. Quando crianças, aprendemos que era errado, e até mesmo vergonhoso, fazer comentários lisonjeiros a nosso respeito. Lembro-me de que me disseram para não usar o pronome "Eu" com excessiva frequência para não ser considerado egoísta.

Precisamos entender a diferença entre o amor por si mesmo e o egocentrismo. A pessoa que ama a si mesma de um modo saudável e tem um bom sentimento do eu toma conta deste de todas as maneiras, tem respeito próprio e assume a responsabilidade pela sua vida, sendo ainda capaz de se concentrar nos outros e estabelecer uma ligação com eles. Amar o eu significa ser capaz de estabelecer um equilíbrio e limites entre o eu e os outros, promovendo assim a individualidade e os bons relacionamentos. Quando uma pessoa está consciente de sua individualidade e a aprecia, ela tem a possibilidade de relacionar-se com êxito com outra pessoa e de possibilitar que esta seja um indivíduo.

A pessoa egocêntrica e egoísta não tem um sentimento do eu adequado; mais exatamente, ela é obcecada pelo eu e pelos problemas do eu. Tem dificuldade em se concentrar nos outros ou estabelecer uma ligação com eles. Essa pessoa não estabelece limites quando lida com os outros porque a sua visão do eu está fixada no seu próprio eu. Essa pessoa carece da capacidade de se relacionar com os outros porque não é capaz de enxergar ou ouvir adequadamente outra pessoa.

Antes que possamos praticar o amor pelo eu, temos primeiro que aceitar, sem reservas, que o amor por nós mesmos é, de fato, o relacionamento amoroso mais importante que temos. Uma vez que conseguimos acreditar nisso, podemos ficar abertos a desenvolver as habilidades específicas ao processo de amar a nós mesmos. O amor por si mesmo requer um trabalho árduo, determinação, educação, veracidade e a sabedoria decorrente da experiência do método da tentativa e erro. Tudo isso associa o conceito do amor por si mesmo à realidade do amor por si mesmo, cuja observância é uma arte.

Nas páginas que se seguem, detalharei as características do amor saudável por si mesmo:

Ele exige grande perícia e esforço;
Ele é difícil;
Ele requer disciplina;
Ele exige a descoberta do nosso passado;
Ele requer que o eu se dedique a ser ele mesmo.

O AMOR POR SI MESMO EXIGE GRANDE PERÍCIA E ESFORÇO

Desenvolver um relacionamento amoroso com nós mesmos exige grande perícia e esforço. Requer veracidade, franqueza e sinceridade com relação à nossa vida, a disposição de avaliar as nossas ideias, pensamentos, sentimentos, necessidades, comportamento e interações com os outros. Demanda que façamos uma análise crítica de nós mesmos sem censurar-nos. Exige que sejamos a melhor pessoa possível sem que nos tornemos perfeccionistas. Como estou sempre ao meu lado, não devo ser o meu melhor amigo, me sentir bem a meu respeito e ser feliz comigo mesmo, apesar das dificuldades e infortúnios da vida?

Sentir-me à vontade comigo mesmo significa que estou em contato com meus pensamentos e sentimentos, e que estou aprendendo a ter consciência de todos os meus sentimentos sem nenhuma culpa ou vergonha. Nossos sentimentos indicam o que está se passando dentro de nós; eles nos dão informações a respeito de nós mesmos. Se dissermos "Fico zangado quando as pessoas contam piadas étnicas", essa afirmação pode refletir uma mágoa do passado a respeito dessas piadas, quando eram dirigidas a nós. Ou podem indicar que não aceitamos as nossas origens étnicas. Ou pode dar a entender, ainda, que sou sensível à mágoa desnecessária que essas piadas causam a outras pessoas. Meus sentimentos me fornecem importantes informações a respeito de mim mesmo. Quanto mais eu conseguir me sentir à vontade com esses sentimentos, mais capaz serei de administrá-los e, se necessário, expressá-los de uma maneira apropriada.

Além de aceitar meus sentimentos, preciso ouvir e respeitar minhas necessidades. Assim como nossos sentimentos, nossas necessidades são dádivas de Deus. Fazem parte da nossa condição humana. Não são fraquezas. Reconhecer as nossas necessidades faz parte do amor saudável por nós mesmos e não tem nada a ver com egoísmo. Na confusão da vida, grande parte da agitação tem lugar porque as pessoas não aceitam suas necessidades. Ou as reprimem ou as exprimem de uma maneira prejudicial. Se não reconhecermos nossas necessidades e não as satisfizermos de um modo apropriado, elas assumirão o controle e se expressarão de uma maneira inadequada.

Um relacionamento amoroso com o eu requer que cuidemos de nós mesmos de todas as maneiras: física, emocional e espiritualmente. Precisamos apreciar o dom da vida e quem nós somos. Como se lê nos Salmos: "Ó Senhor, eu vos agradeço pela maravilha que é a minha vida" (Salmo 139,14).

Como cuidamos do corpo? Nós nos lavamos, comemos, bebemos e nos vestimos adequadamente? Evitamos o que fará mal à nossa saúde? Descansamos e relaxamos? Praticamos exercício? Visitamos os médicos quando necessário? Cuidamos intelectualmente de nós mesmos? Damos valor à educação? Nós a buscamos pelo maior tempo possível? Lemos assuntos relevantes? Cuidamos da nossa saúde emocional?

Muitas pessoas não entendem a si mesmas e seus sentimentos. Educam a mente, mas não se importam com a dimensão emocional da sua vida. De um modo geral, os problemas das pessoas não dizem habitualmente respeito a questões intelectuais, estando mais relacionados com a esfera emocional, dentro de si mesmas e dos relacionamentos. A educação básica que recebemos a respeito das nossas emoções provém do que experimentamos na nossa família de origem. Nossos pais fizeram o melhor que sabiam fazer para nos educar, mas eram limitados na área das emoções. Não tinham à disposição a enorme quantidade de informações sobre psicologia que nos enriquecem atualmente.

Hoje em dia, com a popularização da psicologia e dos livros de autoajuda, podemos obter mais informações a respeito da nossa esfera emocional. O aconselhamento perdeu o estigma negativo que frequentemente lhe era associado no passado. As pessoas o encaram como uma necessidade positiva que pode ser benéfica a todos. Quanto melhor conhecermos a nós mesmos, mais bem equipados estaremos para guiar nossa vida com mais responsabilidade, e quanto mais capazes formos de entender os outros, mais capazes seremos de treinar e orientar nossos filhos quando tentarem lidar com suas emoções.

Não existe nenhuma razão para que alguém viva hoje em dia na escuridão psicológica. Na realidade, precisamos nos interessar mais psicologicamente por nós mesmos e assumir mais responsabilidade por nós mesmos nessa área.

É DIFÍCIL AMAR A NÓS MESMOS

O teste do amor genuíno por nós mesmos é a capacidade de manter um equilíbrio entre amar a nós mesmos e amar os outros. Isso requer uma constante atenção e sinceridade para com nós mesmos e os outros. Esse amor mantém e respeita nossa individualidade, ao mesmo tempo que respeita e permite que o outro seja um indivíduo. O amor sólido pelo eu pode se erguer sozinho, confiante, ao mesmo tempo em que mantém a confiança em outra pessoa.

Em um relacionamento amoroso, temos muito em comum. Concordamos em muitas coisas e temos metas e valores comuns. Haverá áreas de divergência, o que, além de ser normal, é saudável. Ter respeito pelas diferenças um do outro é necessário para a preservação da individualidade. Aprendemos a nos ajustar, adaptar e transigir. Somos suficientemente autoconfiantes para aceitar a outra pessoa como ela é.

Às vezes, os relacionamentos encerrarão algumas divergências que conduzem a um certo grau apropriado de conflito, raiva, desapontamento e mágoa. Isso é inevitável, e até mesmo necessário, nos relacionamentos satisfatórios e saudáveis. Chegar a uma resolução ou denominador comum com relação às divergências fortalece o relacionamento, tornando-o mais seguro. Evitar o conflito e a raiva não apenas é uma atitude falsa como também perniciosa para o relacionamento. Questões não resolvidas como essa permanecem logo abaixo da superfície e vêm à tona de maneiras destrutivas.

Durante os períodos de conflito e divergência, o nosso amor por nós mesmos fica extremamente vulnerável, e podemos começar a perder a autoconfiança. Esse é o momento crítico no qual mais precisamos acreditar em nós mesmos, recusando-nos à submissão ou ao controle do outro, e tentar resolver o conflito. Desse modo, a individualidade é mantida, e o relacionamento, fortalecido.

O amor mantém e respeita a individualidade da pessoa.

O nosso amor por nós mesmos é ameaçado quando um conflito conduz a um comportamento inadequado ou emocionalmente abusivo. Podemos ficar magoados em momentos como esses, mas não podemos nos permitir ser emocionalmente destruídos ou arrastados para o comportamento destrutivo da outra pessoa. Quando tem lugar o abuso, podemos precisar nos afastar da situação ou do relacionamento, como uma forma de autopreservação. Essas situações não são fáceis, mas o princípio mais importante em qualquer relacionamento ou situação é a maneira como lidamos com qualquer situação problemática. O foco e a responsabilidade residem, em última análise, em nós mesmos, por mais errada ou injusta que a outra pessoa possa estar sendo. Precisamos enfrentar a situação, em vez de ficarmos mergulhados em críticas e queixas. Precisamos reagir à pessoa ou à situação de maneira apropriada. Redirecionamos nossa raiva, assumindo uma atitude positiva, e nossa mágoa, sendo mais confiantes. Não permanecemos passivos. Não temos uma reação exagerada. Esses dois tipos de comportamento são destrutivos, em primeiro lugar, para nós mesmos, mas também para a situação em si.

Quando temos uma atitude construtiva como essa, compreendemos que essa é a energia que nos confere o poder de agir por nós mesmos. É o amor autoconfiante por nós mesmos. Independentemente do resultado, temos a satisfação e a paz interior de saber que reagimos apropriadamente. Fomos responsáveis por nós mesmos. Manter o amor por nós mesmos e o autorrespeito nessas situações difíceis é a única maneira possível de melhorar um relacionamento. Se este piora, pelo menos o nosso relacionamento com nós mesmos é mantido. Em última análise, a pessoa que tem um comportamento construtivo sempre sobreviverá a um relacionamento doentio.

Desperdiçamos tempo e energia enormes em relacionamentos nos quais tentamos mudar os outros. Os relacionamentos não dizem respeito ao controle, mas sim à interação mútua, enquanto superamos questões e situações problemáticas. Quanto mais tentamos mudar outra pessoa, mais ela resiste, o que é outra forma do controle delas sobre nós. Permitimos que sua resistência nos cause frustração e esmorecimento, o que nos deixa arrasados. Usar nossa energia para mudar a nós mesmos será mais proveitoso e eficaz a longo prazo.

A coragem de dizer o que pensamos e sentimos, e de sermos flexíveis na maneira como lidamos com um problema ou uma pessoa difícil, significa que estamos testemunhando a verdade. Às vezes, outras pessoas resistem obstinadamente e se tornam mais rebeldes quando mudamos. Com o tempo, contudo, compreenderemos que fizemos o que podíamos fazer. A questão não é se a outra pessoa nos escuta, concorda ou muda; a questão principal é que precisamos dizer e fazer o que é necessário a partir de um sentimento de dignidade e respeito próprio. Isso nos ajuda a sermos auspiciosos com relação aos nossos relacionamentos porque estamos enfrentando as dificuldades, e, quando fazemos isso, podemos ter esperança. A vida de Jesus refletiu esse fato quando lidou com os escribas e fariseus que ofereceram resistência: ele falou abertamente e tomou uma atitude; em seguida, parou de tentar alcançá-los e continuou a proclamar sua mensagem.

Os pais que tomam uma atitude com filhos difíceis e rebeldes precisam agir dessa maneira. No aconselhamento, experimentei com frequência a sabedoria do princípio: dê-me os pais, e eles curarão os filhos. Isso requer que os pais assumam o controle da situação, estando no controle de si mesmos. Quando eles perdem o controle do seu comportamento e linguagem, eles perdem o controle dos filhos, o que os leva a perder a confiança em si mesmos e o respeito dos filhos.

Quando os filhos estão no comando e controlam a família, precisam ser demitidos, e os pais, recontratados. Às vezes, isso envolve amor severo, que requer uma ação drástica. Significa que os pais precisam amar o bastante a si mesmos para praticar essa ação tão amorosa.

O cônjuge silencioso que está "aceitando" o desprezo e a indiferença do outro precisa falar abertamente e expressar com firmeza o quanto está magoado e zangado. Precisa demonstrar que não merece esse tratamento. Esse pode ser, com frequência, o início de uma mudança saudável no relacionamento conjugal. Quando uma situação negativa se desenvolveu porque um dos cônjuges aceitou ser desprezado pelo outro durante anos, a melhora possível nesse relacionamento ocorrerá quando o cônjuge negligenciado aceitar a responsabilidade pelo que ele permitiu que acontecesse. O outro cônjuge poderá não ouvir ou mudar; no entanto, o cônjuge desprezado ou que sofreu abuso mudou, tomou uma atitude e não mais aceitará esse tratamento. Quem sabe, pelo fato de um dos cônjuges ter tomado essa atitude, o outro possa ser influenciado ou inspirado a mudar. Deus atua por intermédio de um dos cônjuges para atingir o outro.

Em todos os nossos relacionamentos, especialmente nos íntimos, existe um estresse e uma tensão normais que afetam o nosso relacionamento amoroso com nós mesmos. No entanto, quando conseguimos alcançar esse relacionamento amoroso, nosso relacionamento um com o outro se torna melhor e mais saudável. Duas pessoas poderão compartilhar profundamente o que sentem, entrar em contato com o mundo interior uma da outra e respeitar as suas diferenças. O casal está junto, mas os cônjuges são diferentes. Essa é a experiência da intimidade. O amor saudável por nós mesmos conduz a um relacionamento íntimo com outra pessoa.

O AMOR POR SI MESMO EXIGE DISCIPLINA

Autodisciplina significa dizer sim à vida. Dizer sim significa enfrentar todas as realidades da vida porque é lá que está a vontade de Deus. Maria disse: "Faça-se em mim segundo a tua palavra" (Lucas 1,38). Jesus disse: "Seja feita a tua vontade" (Lucas 11,2). Em ambas as situações, o "sim" promoveu bons resultados: a Encarnação e a redenção. Embora grande parte da vida possa ser injusta, quando dizemos diariamente o nosso "sim" para Deus e permitimos que ele atue na nossa vida, boas coisas podem acontecer.

Dizer sim significa que estamos dispostos a ser responsáveis pela nossa vida e nossos relacionamentos, e assumir o controle deles. Afirmamos o seguinte: "Serei capaz de fazer hoje o que preciso fazer, para meu benefício pessoal. O que faço não é determinado por outras pessoas, pelo que elas fazem ou não fazem, e sim pelo que preciso fazer para ser sincero e respeitar a mim mesmo. Embora eu talvez não seja capaz de definir se uma determinada situação está ou não caminhando a meu favor, o fato de eu dizer sim significa enfrentar qualquer coisa que possa estar acontecendo no momento".

Nossa determinação de amar, perdoar, sermos bondosos, compassivos e carinhosos, ou de entrar em contato com os que estão em dificuldades precisa fazer parte do sim que dizemos à vida e aos relacionamentos. Paulo declara: "Vencei o mal com o bem" (Romanos 12,9). Jesus disse: "Amai vossos inimigos, fazei bem aos que vos odeiam, orai pelos que vos perseguem" (Mateus 5,44). Em outras palavras, devemos assumir o controle de quem somos e viver nossa vida de acordo com o que acreditamos. O desafio da vida cristã consiste em estarmos dispostos a aceitar a responsabilidade pela nossa vida.

A disciplina do amor por si mesmo também significa estar pronto para dizer não ao que é nocivo ou destrutivo; não a atitudes, valores ou convicções que possam me prejudicar de alguma maneira ou me tornar uma pessoa menos digna. Precisamos dizer não a relacionamentos que não sejam inspiradores. Isso requer que sejamos sinceros com nós mesmos e assumamos um compromisso com a "verdade que nos libertará" da cegueira das ilusões ou enganos a respeito de nós mesmos.

Perdoar a nós mesmos nos ajuda a reencontrar nosso caminho.

Conhecer as nossas limitações e limites não é uma admissão de fraqueza, mas sim um testemunho da força proveniente do fato de conhecermos a nós mesmos. Significa ouvir e confiar no eu interior. Às vezes, pessoas que foram criadas em famílias desajustadas ficam com a psique gravemente danificada e não conseguem entrar em contato com seu eu interior. Um dos sinais de que essas pessoas estão curadas tem lugar quando elas podem ouvir e confiar no seu interior, nos seus instintos e na sua intuição.

Ser capaz de dizer sim e não para nós mesmos nos estabelece limites. Sim, vou dormir a tal hora porque tenho de me levantar cedo amanhã e preciso ser eficiente. Não, recuso-me a tomar mais um drinque porque vou dirigir. Manter limites apropriados para nós mesmos e com os outros faz parte do desenvolvimento de relacionamentos equilibrados e saudáveis. Estabelecer limites apropriados significa, por exemplo, não permitir que as pessoas se dirijam a nós ou nos tratem de uma maneira inadequada ou abusiva. Não deixar que as pessoas nos toquem de um modo inapropriado ou façam propostas sexuais. Até mesmo nos relacionamentos mais íntimos, temos que estabelecer limites para com os outros.

Um exemplo comum da invasão de limites tem lugar quando assumimos a responsabilidade pela vida ou comportamento de outras pessoas. Os pais às vezes fazem isso com os filhos. Os cônjuges podem fazê-lo um com o outro. Não é raro que façamos isso devido a um sentimento de culpa não saudável ou a um falso sentimento de tentar ajudar os outros; ao agir dessa maneira, damos permissão à outra pessoa e nos tornamos codependentes. Todos vivenciamos insucessos nessas áreas, mas temos de evitar tornarmo-nos completos viciados no que diz respeito a assumir a responsabilidade pela vida de outras pessoas. Precisamos aprender a dizer não por amor a nós mesmos e aos outros, caso contrário, podemos nos tornar uma parte importante do problema deles. Damos conosco tentando proteger outras pessoas por causa da ansiedade, quando na realidade estamos tentando assumir o controle delas ou da situação.

Ter autodisciplina significa desenvolver estrutura e ordem na nossa vida. Como planejamos o nosso dia e organizamos o tempo para o trabalho e o lazer, para a reflexão e a oração, para interagir e relacionar-nos com os outros? Quais são as nossas prioridades? As pessoas desorganizadas realizam menos coisas e podem ficar frustradas. Aquelas com bom conhecimento de organização desfrutam um forte sentimento de satisfação pessoal e de estar no comando da sua vida.

CONHECENDO A NOSSA FAMÍLIA DE ORIGEM

Nunca chegaremos a nos conhecer plenamente enquanto não conseguirmos entender a história da nossa família. A maneira como a família nos influenciou, os seus padrões de relacionamento, as atitudes, os valores e as convicções dos membros da nossa família – todos são aspectos poderosos da nossa história familiar. Eles exercem um impacto substancial em quem somos, para o bem ou para o mal.

As características positivas precisam ser embelezadas e aprimoradas; as negativas, precisam ser eliminadas. Temos o direito e a responsabilidade de processar nossa história pessoal, exatamente como fazemos com a nossa história secular. Ao voltar atrás, compreenderemos a origem das nossas fraquezas e dos nossos pontos fortes. Nosso passado encerra uma tremenda quantidade de valiosas informações imprescindíveis para o nosso bem-estar e autoconhecimento atual.

Nessa jornada, podemos esclarecer nossas mágoas, raiva, desapontamentos e perdas, para que possamos curar nossas feridas, possibilitando que nossa energia intelectual e emocional se desenvolva. Mas como conseguiremos escalar com eficácia a montanha da vida se estivermos carregando uma bagagem não resolvida que nos empurra para baixo? Seríamos como a criança superdotada que não consegue ter um bom desempenho na escola devido aos seus problemas emocionais. Estamos sabotando a nós mesmos se estivermos vivendo o que não resolvemos no passado.

DEDICAÇÃO AO EU

O compromisso mais importante que jamais faremos na vida é aquele com o nosso eu. É o compromisso de tornarmo-nos a pessoa que Deus quer que sejamos. Essa dedicação a sermos nós mesmos é a base do amor saudável por nós mesmos.

Uma das capacidades mais necessárias de que precisaremos para manter essa dedicação é a disposição para nos perdoarmos. Certamente, cometeremos falhas e pecados na nossa jornada. Perdoar a nós mesmos nos ajuda a reencontrar nosso caminho, aprender, descontrair e relaxar, e seguir adiante. Grande parte do aconselhamento diz mais respeito a descobrir uma maneira de lidar com os problemas e preocupações da vida, ou conviver com eles, do que propriamente resolvê-los. Nesse processo, a capacidade de perdoar a nós mesmos representa uma enorme ajuda. O perdão genuíno a nós mesmos nos impele a enfrentar as consequências do nosso mau comportamento.

O amor por nós mesmos implica estarmos dispostos a nos perdoar e aceitar nossas debilidades humanas. Precisamos ter um meio de recuperação que envolva o perdão por nós mesmos, caso contrário, podemos ficar "imobilizados". O perdão a nós mesmos nos ajuda a escapar. Ele nos desafia não apenas a lidar com as consequências do nosso mau comportamento, como também a nos arrependermos e, se necessário, fazer reparações. Passamos a nos conhecer melhor quando lidamos com esse processo. Aprendemos com os nossos fracassos. Às vezes, o fato de não perdoarmos a nós mesmos pode ser uma escapatória, nós nos recusamos a mudar por temer a mudança. Também pode envolver o egocentrismo ou a autocomiseração, ou ainda o desejo de entregarmo-nos ao ódio por nós mesmos.

Se estivermos dedicados a nós mesmos, nós nos perdoaremos para poder seguir em frente com a vida.

Com esse tipo de autoconfiança, estamos preparados para enfrentar qualquer coisa. Ninguém possui toda a capacidade e conhecimento necessário, mas se tivermos convicção e confiança permanentes em nós mesmos, saberemos que poderemos lidar com o que quer que surja no nosso caminho. Nós nos levantaremos todas as manhãs com a coragem de dizer sim à vida e enfrentar qualquer eventualidade.

Existe dentro de nós um sistema de comunicação ativo, quer tenhamos consciência dele, quer não. Precisamos ouvir o que estamos dizendo para nós mesmos, ou seja, as mensagens positivas e negativas que enviamos para nós mesmos. Estima-se que enviamos cerca de três mil mensagens para nós mesmos todos os dias. "Eu posso fazer isso." "Não posso fazer isso." "Ele gosta de mim." "Ela não gosta de mim." Elas se baseiam em uma percepção negativa ou positiva de nós mesmos. Essa percepção pode mudar, e mudará, se modificarmos a comunicação que está tendo lugar dentro de nós. As declarações positivas que transmitimos a nós mesmos são revigorantes, enquanto as negativas são fatais para a nossa autoconfiança, autoimagem e autoestima.

Grande parte dos nossos pensamentos negativos com o tempo se transforma em "fitas" negativas que tocamos repetidamente para nós mesmos. Às vezes, estamos tão acostumados a ouvi-las que nem nos damos conta de que elas estão tocando. Quando interpelo clientes a respeito dessas "fitas" negativas, eles nem sempre têm consciência de quanta negatividade alimentam a respeito de si mesmos. Algumas dessas fitas negativas se originaram há muito tempo, na nossa infância; outras aparecem ao longo do caminho, oriundas de mensagens negativas que recebemos de membros da família e de outras pessoas, de mensagens de amigos que interpretamos de um modo negativo, ou de insucessos ou erros pelos quais nos deixamos contaminar.

O tipo de solilóquio negativo que diz "não posso fazer isso", "não posso fazer aquilo", "não tenho valor", "as pessoas não gostam de mim" ou "nunca conseguirei executar esta tarefa" nos impede de crescer. Ele é autodestrutivo e impede qualquer crescimento ou cura. Ele se torna um estilo de vida. Às vezes, as pessoas escapam e optam por esse estilo de vida. Elas passam a se sentir à vontade com ele de uma estranha maneira. Optam por viver dentro da sua doença. Elas efetivamente têm medo de correr um risco e ir além da sua existência negativa. Além de serem tóxicas, as pessoas negativas podem levar os outros à loucura. É extremamente difícil conviver com elas, e elas podem contaminar outros relacionamentos, especialmente no casamento, no seio da família e na comunidade. Na condição de pessoas autoconfiantes, não podemos deixar que elas nos contaminem. Quando isso acontece, precisamos assumir a responsabilidade de não permitir que elas desgastem a nossa autoconfiança.

As pessoas negativas não apenas pensam que são perdedoras como também se sentem e agem como perdedoras. O que aconteceu primeiro, o pensamento negativo ou os sentimentos negativos? As crianças, especialmente os bebês, que ainda não desenvolveram a capacidade de pensar ou raciocinar, nada mais são do que um punhado de sentimentos. Na realidade, o bebê é extremamente sensível ao que a mãe e o pai possam estar sentindo, especialmente quando eles estão aborrecidos. Quando as crianças se sentem inseguras e ansiosas, começam a desenvolver sentimentos negativos dentro de si. Com o tempo, à medida que sua capacidade de pensar começa a evoluir, elas passam a pensar de uma maneira negativa a respeito de si mesmas. A criança poderá dizer: "Eu me sinto mal com relação a mim mesma, de modo que devo ser uma má pessoa". Com o tempo, um padrão muito mais amplo de pensamentos e sentimentos negativos se desenvolve dentro da criança. A vida se torna então uma jornada negativa. A personalidade da criança passa a se basear na vergonha, o que contamina toda a sua vida: suas escolhas, pensamentos, sentimentos e comportamento.

Quando as pessoas se esforçam para modificar o seu modo de pensar negativo, elas não devem se deixar oprimir e ser influenciadas pelos sentimentos feridos, especialmente a culpa e a vergonha. A eliminação desse modo de pensar requer tempo e prática. Falharemos com frequência e precisaremos de muita autoafirmação para poder pensar de uma maneira positiva. Com o tempo, depois que os pensamentos negativos se tornam mais positivos, os sentimentos feridos ficam curados.

Aconselhei ao longo dos anos muitos clientes inteligentes, que eram extremamente competentes e bem-sucedidos na vida profissional, mas pessoas negativas e infelizes no seu relacionamento consigo mesmas. É compreensível que, ao tentar formar relacionamentos com outras pessoas, eles tenham feito escolhas inadequadas. Seu relacionamento com os outros era superficial e, às vezes, pouco saudável, devido a seu relacionamento negativo consigo mesmos. Escolhem parceiros negativos, destrutivos ou igualmente inseguros. Passam a querer agradar sempre aos outros, tornam-se submissos ou concordam com tudo a fim de serem aceitos. Precisamos estar convencidos de que podemos mudar as nossas fitas negativas, caso contrário, nosso relacionamento com os outros será prejudicado. Temos que ser persistentes na tentativa de melhorar a maneira como pensamos a respeito de nós mesmos.

A comunicação interior exerce um efeito poderoso não apenas na nossa autoconfiança, mas também na nossa autoestima, autoimagem e sentimento de valor pessoal. É nessas áreas de pensamentos e sentimentos que o aconselhamento pode promover a cura e o embelezamento do espírito humano.

A AUTOCONFIANÇA É UMA HABILIDADE

A autoconfiança não é herdada; ela precisa ser desenvolvida ao longo da vida. Não podemos permitir que o medo, a culpa prejudicial ou a vergonha nos controlem ou nos levem a evitar o que precisamos enfrentar. Quando lidamos da maneira adequada com nossos fracassos e temores, eles podem nos ajudar a desenvolver autoconfiança. Podemos aprender com eles e crescer. Precisamos desenvolver uma atitude positiva a respeito de nós mesmos e não ser contaminados por ideias negativas que venham de dentro de nós mesmos, dos outros ou de um mundo negativo. Outra pessoa ou situação pode nos magoar e abalar nossa autoconfiança, mas nunca permitiremos que ela a destrua. Fazer declarações positivas a respeito de nós mesmos e imaginar o que podemos ser e fazer são habilidades essenciais no desenvolvimento da autoconfiança.

Quando nosso discernimento interior aumenta, somos responsáveis por integrar essa informação à nossa vida a fim de efetuar mudanças nos nossos pensamentos, sentimentos, atitudes e comportamento. Uma vez que um homem compreenda, por exemplo, que seu medo e desconfiança das figuras de autoridade se baseiam nos seus sentimentos não resolvidos a respeito do seu pai rígido e exigente, ele é desafiado a fazer alguns ajustes nesse medo. Ele precisa parar de ter raiva dessas pessoas. Precisa resolver a mágoa e a raiva que sente pelo pai, que ainda controla sua vida. Precisa assumir a responsabilidade por mudar a maneira como percebe as figuras de autoridade, ao mesmo tempo em que corre alguns riscos razoáveis para confiar nelas e interagir com elas com um pouco mais de confiança.

Precisamos ter uma atitude positiva a respeito de nós mesmos.

Toda essa dinâmica – estar em contato com os nossos pensamentos e sentimentos, extrair discernimento deles e integrar as novas informações à nossa vida – nos conduz a um relacionamento mais estreito e íntimo com nós mesmos. Sabemos mais a respeito de quem somos. Estamos em uma posição na qual podemos sentir compaixão, compreender, perdoar e apoiar a nós mesmos. É uma posição em que podemos fazer uma análise crítica de nós mesmos sem nos condenar, uma posição em que podemos ter uma comunicação sincera e aberta com nós mesmos e ser o nosso melhor amigo. É esse tipo de relacionamento amoroso com nós mesmos que nos prepara para a difícil tarefa de formar um estreito relacionamento com outra pessoa.

A felicidade interior que todos buscamos é uma qualidade que só podemos encontrar e desenvolver dentro de nós mesmos. Ninguém pode ofertá-la para nós. Nenhuma quantidade de coisas materiais ou externas é capaz de produzi-la. A felicidade é a convicção de que somos dignos de ser amados. Não é uma coisa que acontece conosco quando nos formamos na faculdade, conhecemos a pessoa certa, saímos de férias ou mesmo quando ganhamos na loteria. Significa gostar de ser quem somos e de estar onde estamos, e apreciar o que quer que esteja acontecendo na nossa vida. É basicamente estar interiormente contentes com nós mesmos. Ninguém pode tirá-la de nós. Se deixarmos que alguém ou alguma coisa perturbe a nossa felicidade, precisamos perguntar por que permitimos que isso nos aconteça.

Espero que algumas das ideias sobre o amor por nós mesmos, que expus aqui, possam ajudar o leitor a compreender não apenas como esse amor é importante, mas também que ele pode ser extremamente complexo, que está muito entrelaçado ao processo dos relacionamentos íntimos e amorosos, e que é preciso haver um delicado equilíbrio entre o amor por nós mesmos e o amor por outra pessoa.

6.

PERDÃO E RECONCILIAÇÃO

Toda cura emocional, psicológica, mental, espiritual e de relacionamento requer que perdoemos e sejamos perdoados. A história do paralítico no Evangelho é um exemplo de como Jesus associa a cura emocional, a espiritual e a física: "Perdoados são os teus pecados. Levanta-te, toma o teu leito e anda" (Mateus 9,2-6).

Não sejamos ingênuos a respeito da dificuldade de perdoar. Se quisermos que o perdão nos dê resultado e seja uma fonte de cura, precisamos entender como funciona sua dinâmica, como ela atua em nós e entre as pessoas. O perdão não é automático, casual ou superficial – exige trabalho, esforço e tempo. O perdão é um processo; esse é o termo psicológico que usaremos com frequência ao descrever os mecanismos do perdão.

O processo do perdão tem três mecanismos: o intelectual (volitivo), o emocional e o espiritual. O aspecto volitivo envolve a escolha – decisão, ato da vontade – de perdoar e ser perdoado. O emocional é a parte do processo que envolve ter contato com os sentimentos dolorosos que frequentemente acompanham o ato de perdoar ou ser perdoado e lidar com esses sentimentos. O espiritual refere-se à parte do processo que nos capacita a abandonar a mágoa e a raiva, e seguir em frente com a nossa vida.

PERDOAR O EU

O aspecto mais difícil e desgastante é perdoar a si mesmo. Uma das principais razões pelas quais as pessoas demoram a se reconciliar é o fato de não perdoarem a si mesmas. O ato de perdoar o eu não é seriamente considerado, e pouco se fala ou escreve a respeito dele. No entanto, na realidade, é uma parte essencial do amor saudável por nós mesmos.

Somente depois de perdoar a nós mesmos poderemos nos erguer para enfrentar novamente as situações da vida. Somente então poderemos nos estender para os outros e perdoar, ser perdoados e começar o trabalho de reconciliação com eles.

Precisamos fazer a escolha de perdoar a nós mesmos. No meio da raiva, desapontamento e ódio por nós mesmos, precisamos dar o primeiro passo no processo do perdão. Trata-se de um ato absoluto da vontade, contrário a todos os sentimentos negativos que podemos estar vivenciando. Queremos fazê-lo.

Na comovente história do filho pródigo, o rapaz perdoou primeiro a si mesmo antes de fazer a jornada de volta para o pai. Em um ato de amor por si mesmo e autopreservação, ele compreendeu que tinha de fazer alguma coisa para ajudar a si mesmo. Inerente a esse amor por si mesmo estava o perdão por si mesmo, que lhe conferiu a energia de voltar para o pai e receber o amor e o perdão dele. A decisão de perdoar a si mesmo foi o ponto crucial decisivo na sua conversão.

Se o perdão a nós mesmos desempenha um papel tão importante na eficácia do perdão e da cura, por que as pessoas demoram tanto a se perdoar? Eis algumas razões para isso. Primeiro, existe um elemento de ódio, raiva ou desapontamento por si mesmas por terem feito uma coisa errada. Essa atitude precisa ser revertida, deixando de ser autodestrutiva, e tornar-se construtiva. Esse é o segredo de transformar a energia negativa em uma força positiva. Outra razão é o perfeccionismo, doença que postula uma expectativa irrealista com relação a nós mesmos, a expectativa de que nunca devemos falhar. O perdão a si mesmo ajuda o perfeccionista a se deslocar das expectativas irrealistas para as realistas. Entre elas estão a possibilidade e a probabilidade de que ocorram fracassos na vida, mas também a capacidade de adquirir conhecimento a partir dos insucessos para que o perfeccionista cresça e se torne uma pessoa melhor.

Uma terceira razão é o sentimento de falso orgulho, ou presunção, e o sentimento enfatuado do eu que se considera além do fracasso e do pecado. Perdoar-se ajuda essa pessoa a ser sincera consigo mesma a respeito de suas fraquezas e limitações humanas, bem como de sua capacidade de pecar, e aceitar a si mesma como ela é: imperfeita. Se Deus sempre nos perdoa, quem somos nós para nos recusarmos a perdoar a nós mesmos? Uma quarta razão é a convicção errônea de que o fato de perdoarmos a nós mesmos elimina facilmente as consequências da nossa má conduta e até mesmo tolera esse mau comportamento. Pelo contrário, perdoar a nós mesmos nos ajuda a enfrentar a realidade do nosso mau comportamento, que nos fere e aos outros, e nos incita a reparar e compensar o erro. Perdoar a nós mesmos nos ajuda a ser mais responsáveis pela nossa má conduta.

Curar a nós mesmos curará a culpa que pode nos incapacitar.

Uma quinta razão é a dificuldade que algumas pessoas têm em aceitar o perdão, em especial o perdão a si mesmas. Essa dificuldade está frequentemente enraizada na ausência da experiência do perdão na família de origem. É possível que tenha havido na família uma atmosfera rancorosa e crítica, deixando as pessoas alheias à experiência ou expressão do perdão, ou até mesmo à ideia do perdão. Perdoar a nós mesmos nos ajuda a transcender o passado e romper o ciclo geracional pernicioso do perdão não expressado.

Uma sexta razão é o fato de as pessoas estarem submersas ou imobilizadas na culpa e na vergonha. É somente perdoando a nós mesmos que iremos curar a culpa e a vergonha que podem nos incapacitar. Ao perdoar a nós mesmos, podemos começar a abandonar a culpa e a vergonha e seguir em frente, alimentando uma atitude mais bondosa para conosco.

Quando nos condenamos, encerramo-nos no pecado e ficamos imobilizados. Mergulhamos na autocomiseração. Ao permanecer em um estado de autocondenação, recusamo-nos a assumir a responsabilidade de perdoar a nós mesmos, ficar curados, seguir em frente com nossa vida e mudar. Algumas pessoas preferem esse estado e não querem ficar curadas. A autoflagelação as torna mais egocêntricas. A ênfase é na *minha* dor, no *meu* fracasso e em *mim mesmo*. Seu estilo de vida torna-se neurótico.

A autocondenação é inútil, mas a autocrítica sincera do nosso comportamento é saudável. A esperança é que possamos descobrir quem somos a partir de nossos pecados e insucessos, e adquirir valiosas informações a respeito de nós mesmos a fim de efetuar mudanças e ajustes necessários em nossa vida. A decisão de perdoar a nós mesmos nos libertará e possibilitará que deixemos de ser vítimas egocêntricas, deprimidas e desesperançadas.

Perdoar a nós mesmos não significa que podemos esquecer o que fizemos. As memórias continuarão conosco. Essas memórias, com os penosos sentimentos que as acompanham, precisam ser examinadas e esmiuçadas, e não enterradas, rejeitadas e evitadas. A decisão de perdoar a nós mesmos abre a porta, possibilitando que os sentimentos dolorosos circulem através de nós. Precisamos dar permissão a nós mesmos para sentir tudo e qualquer coisa. É aí que o aspecto da cura emocional do processo do perdão tem início. É uma jornada longa e dolorosa, que envolve identificar, destrinchar, acompanhar e falar a respeito dos sentimentos penosos, com Deus e com outras pessoas, até que possamos entender, curar e disseminar esses sentimentos.

Com frequência, repetir a decisão de perdoar a nós mesmos nos ajuda a absorver esses sentimentos dolorosos. Precisamos falar conosco de uma maneira muito positiva, ser solidários, compassivos e bondosos para com nós mesmos. Embora estejamos nos sentindo mal a respeito do nosso pecado, do insucesso, temos o conhecimento intelectual de que nos perdoamos.

Com o tempo, depois de ter alcançado a aceitação intelectual do perdão, chegaremos à aceitação emocional. Os sentimentos terão então retrocedido e se dispersado. Eles não mais estarão nos atazanando ou puxando para trás.

PERDOAR OS OUTROS

Depois que nos perdoamos, somos desafiados a perdoar os outros. Às vezes, as pessoas têm tendência a serem casuais e superficiais com relação a perdoar os outros. O perdão pode se tornar um ato não ponderado e rotineiro, em vez de algo feito com uma intenção deliberada, reflexão e sinceridade. Para perdoar, precisamos estar plenamente conscientes do significado do ato, de como nos sentimos e do que estamos pensando. Existe sempre um processo em ação no caso do perdão, quer ele tenha lugar depois de uma leve mágoa ou de uma dor intensa. Precisamos ter consciência desse processo. Uma adolescente certa vez me disse o seguinte: "Por que a mamãe está sempre tão irritada com o papai? Ouvi quando ela rapidamente o perdoou quando ele se esqueceu do aniversário dela. Ela perdoa muito depressa". Este é um exemplo do perdão não processado, no qual perdoamos rápido demais, sem refletir muito.

O filho mais velho na parábola do filho pródigo é uma pessoa com quem podemos nos identificar. Ele está magoado e zangado. Está tendo dificuldade em perdoar o irmão. Esse filho mais velho com frequência é malfalado na literatura e nos sermões porque demora a perdoar, mas ele mostra como pode ser difícil perdoar os outros. É um bom rapaz. Certamente, podemos nos identificar com ele em nossos conflitos pessoais relacionados ao perdão.

Perdoar é um ato volitivo, um ato da vontade, uma escolha, uma decisão, até mesmo um desejo de perdoar – tudo isso, embora não estejamos com vontade de perdoar. Os sentimentos negativos fortes e intensos a respeito do perdão não cancelam nossa decisão.

Perdoar é um processo que começa na vontade, avança através das emoções e finaliza no espírito. Pode ser um longo processo. Precisamos conceder a nós mesmos (e aos outros) o tempo necessário para vir a perdoar. Precisamos perdoar os outros primeiro, em consideração a nós mesmos, e depois para o bem dos outros. Precisamos perdoar a fim de alcançar o equilíbrio e ser capazes de liberar e resolver os sentimentos negativos e penosos que nos consomem, que podem nos causar um dano emocional ou físico e afetar o nosso relacionamento com outras pessoas. Perdoar os que nos ofenderam é um ato de amor por nós mesmos.

"Eu o perdoo, mas ainda estou zangado e magoado." Essa afirmação pode parecer contraditória, mas não é. O fato é que eu o perdoo, mas ainda estou repleto de sentimentos hostis que precisarei enfrentar e resolver com o tempo. É normal que a pessoa que perdoa depois de ser magoada por outra sinta tudo isso. O perdão funciona, porém, dentro de um processo normal, humano e psicológico. A não ser que compreendamos essa ambivalência entre a nossa decisão de perdoar e os sentimentos hostis, teremos conflitos interiores a respeito de sermos boas pessoas. Podemos questionar se realmente perdoamos a outra pessoa em virtude desses sentimentos. Isso pode nos causar um grande mal-estar durante algum tempo, mas a ideia confortante é que perdoamos a outra pessoa e estamos dispostos a continuar e concluir o processo do perdão.

É importante relembrar este princípio: perdoar não significa esquecer. Podemos perdoar alguém aqui e agora, mas podemos levar um longo tempo para esquecer, talvez uma vida inteira. Isso é aceitável, mas precisamos continuar a jornada do perdão e examinar profundamente as áreas dolorosas em nosso próprio benefício. Continuar a repetir as palavras de perdão e rezar pela outra pessoa pode nos ajudar a manter a decisão de perdoar. Precisamos permanecer firmes no processo pelo tempo que for necessário. Não existem atalhos.

O PERDÃO EMOCIONAL

Depois que o perdão volitivo foi alcançado, o processo de perdoar tem seguimento e entra no estágio do perdão emocional. Esse é um aspecto fundamental do perdão. As pessoas tendem a permanecer imobilizadas aqui ou podem tentar abreviar essa etapa, minimizá-la ou contorná-la completamente. Mas temos que nos permitir sentir. Essa permissão abre as portas para que assimilemos nossos sentimentos. Precisamos ser capazes de sentir qualquer coisa sem culpa ou vergonha, quer os sentimentos envolvidos sejam lógicos, quer ilógicos.

Um dos principais motivos pelos quais deixamos de completar o processo do perdão é a raiva. Esta, por sua vez, nos impede de enfrentar e lidar com as mágoas, frustrações e receios que estão debaixo da nossa raiva. O fato de sentirmos raiva não significa que somos más pessoas. Reconhecemos que estamos magoados, o que nos permite penetrar na mágoa. O fato de sentirmos raiva de uma pessoa não quer dizer que também não alimentemos alguns sentimentos amorosos por ela. São, provavelmente, sentimentos ambivalentes. A dor e a raiva fazem parte de todos os relacionamentos, até mesmo dos mais íntimos. À medida que a nossa raiva vai sendo resolvida e dispersada, os sentimentos de amor reaparecem. Se isso não acontecer, o relacionamento talvez precise ser avaliado ainda mais de perto, talvez em virtude da natureza da dor.

Sentimentos não resolvidos e enterrados, especialmente a raiva, destruirão o relacionamento. O ressentimento não reconhecido pode se manifestar de muitas maneiras destrutivas, que debilitarão o relacionamento. Nos relacionamentos saudáveis, as pessoas discutem não apenas a mágoa e a raiva que sentem, como também outros sentimentos. Uma delas poderá dizer: "Eu lhe perdoo, mas ainda estou magoada e zangada com o que você fez comigo". Pouco a pouco, à medida que as pessoas discutem seus sentimentos umas com as outras, os sentimentos dolorosos se dispersam. Tem lugar, então, um entendimento mútuo mais satisfatório, e o relacionamento fica curado e floresce. O perdão emocional, na realidade, conduz as pessoas a um conhecimento mais profundo umas das outras.

Quando a parte ofendida sente ira e ódio da outra, a primeira, em geral, precisará primeiro suavizar e dispersar esses sentimentos intensos. Em seguida, quando a ira e o ódio tiverem se transformado numa raiva apropriada, a pessoa conseguirá expressá-la para a outra. Às vezes, os sentimentos podem ser tão intensos que a pessoa precisará discuti-los com um amigo ou orientador psicológico de sua confiança, para então ser capaz de se dirigir ao ofensor de uma maneira razoável enquanto expressa sentimentos apropriados. É uma questão de usar a energia de uma maneira construtiva.

O perdão emocional conduz as pessoas a um conhecimento mais profundo umas das outras.

Às vezes, debaixo da mágoa e da raiva, existem outras mágoas e sentimentos de raiva com os quais ainda não lidamos. Uma ofensa pode ter feito com que outras ofensas não resolvidas viessem à tona. Temos, então, uma sucessão de problemas e sentimentos que precisam ser esmiuçados. O perigo de não enfrentarmos as mágoas da vida é que elas, normalmente, não vão embora e voltam para piorar as coisas. Não raro, as pessoas ficam impressionadas com a quantidade de raiva que expressaram para uma pessoa que as magoou, percebendo depois que, debaixo dessa mágoa, existem outras não resolvidas. Para evitar uma reação exagerada, precisamos distinguir a mágoa atual de outras que não foram resolvidas. Podemos, então, lidar com essas outras.

O perdão emocional é o elo entre o perdão intelectual – a decisão de perdoar – e o perdão espiritual – deixar de ficar remoendo o assunto. As pessoas tendem a passar por cima do perdão emocional, ou seja, tomam a decisão de perdoar e logo tiram a questão da mente, evitando assim a necessidade de enfrentar os seus sentimentos. Esse perdão não é genuíno porque os sentimentos relevantes não foram resolvidos. Tenha cuidado com as pessoas que rapidamente nos perdoam e negam estar magoadas, mas não falam conosco no dia seguinte. Elas estão ressentidas porque não lidaram com a mágoa e a raiva não resolvidas; por conseguinte, não se trata de um perdão autêntico. É melhor que elas digam: "Eu o perdoo, mas preciso de um tempo para lidar com a minha mágoa e outros sentimentos complicados que tenho com relação ao que você fez".

Quer se trate de uma desfeita ou de uma ofensa grave, o processo que descrevi é sempre necessário. Sempre haverá sentimentos de menor ou maior envergadura a serem enfrentados. Em ambos os casos, mesmo que leve alguns minutos, semanas ou anos, os sentimentos precisam ser reconhecidos, aceitos, abordados e, se necessário, apropriadamente expressos.

Depois dessa exposição, podemos entender por que o ato do perdão é uma arte. Sua prática é uma absoluta necessidade para todos os que desejam ficar curados e crescer tanto emocional quanto espiritualmente.

O PERDÃO ESPIRITUAL OU TIRAR O ASSUNTO DA MENTE

À medida que a jornada do perdão emocional vai chegando ao fim, o processo do perdão nos conduz ao perdão espiritual, que envolve deixar de pensar no assunto, deixar que Deus cuide da situação e seguir em frente com a vida.

A meta no processo do perdão é atingir o perdão espiritual. Algumas pessoas chegam rapidamente a esse ponto. Outras são mais lentas, outras ainda talvez nunca cheguem, mas isso é aceitável. Desde que continuemos a trabalhar nossas emoções, estaremos avançando na direção certa. Vítimas de abuso sexual são um exemplo de como pode ser necessária a jornada de uma vida inteira para que se resolvam os sentimentos nutridos por quem perpetrou o abuso.

A ideia de deixar de tirar o assunto da cabeça visa basicamente o nosso bem, para que possamos nos livrar de qualquer bagagem dolorosa que, se deixada desacompanhada, nos causará um dano emocional e físico. Essa bagagem pode controlar a nossa vida, se o permitirmos. Nunca ficaremos livres se carregarmos conosco, o tempo todo, esses sentimentos de mágoa e pensamentos negativos. Eles continuarão a nos afetar e atormentar.

Além da abundante evidência psicológica de que o perdão causa a cura emocional e espiritual, temos também hoje em dia crescentes evidências médicas de que o perdão acarreta a cura física. Michael Torosian e Veruschka Biddle, no seu livro encorajador *Spirit to heal: A journey to spiritual healing with cancer*, falam sobre o poder do perdão de nos curar fisicamente.

O perdão é tão poderoso que pode liberar de imediato emoções bloqueadas. Em muitos casos, nossas mentes percebem que uma emoção particular desapareceu, mas as emoções intensas, uma vez armazenadas no corpo, não se resolvem nem desaparecem graças à repressão ou à negação. O perdão é uma maneira poderosa de liberar emoções negativas e toda a experiência a elas associada. Quando nos libertamos dessa dor, sentimos uma paz e uma liberdade que o mundo não pode proporcionar de nenhuma outra maneira.

Deixar de pensar no assunto não significa tolerar o ato da outra pessoa, absolvê-la ou esquecer o quanto ela nos ofendeu. Não significa desconsiderar as consequências do comportamento pernicioso dela. Podemos continuar a confiar nela ou nunca mais fazê-lo. O relacionamento pode permanecer o mesmo, melhorar ou piorar – ou pode ainda terminar. Mas não nos agarramos a toda aquela energia negativa. Somos livres, temos escolha. É como soltar um balão de hélio. Ele vai subindo, subindo e subindo, até que, com o tempo, não conseguimos mais avistá-lo.

O perdão é tão poderoso que pode liberar emoções bloqueadas.

Tirar o assunto da mente pode significar misericórdia, compaixão e entendimento, mas nunca a negação de que a ofensa específica teve lugar. Às vezes, perdoamos os que nos magoaram não por um sentimento de justiça, mas por misericórdia. Precisamos nos lembrar de que esse tipo de desprendimento só será válido se tivermos feito a dolorosa jornada do perdão. O ofensor precisa respeitar a necessidade de tempo da pessoa ofendida para que o perdão possa ser alcançado. Ele não deve pressioná-la. Essa abordagem é comum entre homens que ficam ansiosos e impacientes e começam a pressionar a esposa para que volte a confiar neles antes que ela esteja pronta para isso. Os homens tentam fazer sexo nesses momentos, embora a mulher não esteja emocionalmente pronta. Esses homens não estão escutando, o que provavelmente é parte do problema global em seu relacionamento com a esposa. O marido pode demonstrar que é digno de confiança mudando o seu comportamento, sendo aberto e sincero enquanto ouve a esposa com atenção.

O relacionamento conjugal pode ou não retornar a um nível mais satisfatório de confiança, mas os parceiros precisam dar ao relacionamento uma chance de dar certo. Se ambos tentarem, sempre terão o sentimento de satisfação de que fizeram todo o possível para alcançar uma resolução e reconciliação.

Finalmente, tirar o assunto da mente significa seguir adiante com nossa vida e nossos relacionamentos. Perdoamos, de modo que uma carga pesada foi retirada do nosso ombro. Estamos livres para seguir em frente. É inútil recusarmo-nos a perdoar o outro a fim de puni-lo. A longo prazo, estaremos apenas punindo a nós mesmos, de uma forma autodestrutiva, porque estaremos nos imobilizando tanto emocional quanto espiritualmente. O principal motivo pelo qual precisamos perdoar os outros é beneficiar a nós mesmos, porque só assim podemos ficar curados.

A espiritualidade desse desprendimento nos oferece a possibilidade, no nosso relacionamento, de estabelecer uma comunicação melhor, de ouvir de uma maneira mais eficaz e de enxergar nossas diferenças com mais clareza. Podemos caminhar juntos em direção a um relacionamento mais próximo e maduro.

Seguir em frente também diz respeito à ressurreição, escapar do túmulo da amargura por meio do nosso ato de perdão. Compreenderemos que nos deslocamos para outro nível de existência. Nós nos tornamos pessoas melhores, e não pessoas amargas. Boas coisas nos acontecem quando percorremos o processo do perdão.

RECONCILIAÇÃO

As pessoas frequentemente confundem perdão com reconciliação, e os interpretam como sinônimos, mas são dois conceitos diferentes. O perdão é um processo que envolve parar de ficar remoendo o assunto. A reconciliação diz respeito à cura e à reconstituição do relacionamento abalado. Sem o perdão, nunca pode haver uma genuína reconciliação.

Três consequências podem advir dentro de um relacionamento depois que uma das partes perdoa a outra. A primeira é que os parceiros não apenas se reconciliem, mas também que o relacionamento possa se tornar mais íntimo, visto que as partes envolvidas compartilharam o processo do perdão de uma maneira profunda e emocional. Eles passaram a conhecer e compreender melhor um ao outro. O perdão, nesse caso, tornou-se uma força aglutinante. O ofensor e o ofendido expõem suas diferenças de uma maneira aberta e sincera. A resolução das divergências não é alcançada por meio da evasão, do controle ou da submissão, e sim pela união de dois opostos por meio da contemporização, da cooperação e da tolerância. Frequentemente, chamamos esse processo de "conciliação das diferenças".

A confiança é a base dos relacionamentos íntimos e amorosos, mas é fortalecida por meio do ato do perdão, que surge das mágoas e conflitos nos relacionamentos. Nesse momento vulnerável, o doloroso compartilhamento que tem lugar faz com que as pessoas passem a conhecer uma à outra, de modo que a revelação mútua de cada uma, com frequência, resulta na resolução.

As pessoas que têm um relacionamento íntimo precisam ser realistas e compreender que haverá ocasiões em que magoarão e desapontarão uma à outra, mas espera-se que se perdoem. É somente por intermédio dessa interação que os relacionamentos podem crescer; caso contrário, eles permanecerão estagnados.

Para que a reconciliação tenha lugar, o perdão sempre precisa ser verbalizado. Uma das duas partes supor ou presumir que o perdão ocorreu é tênue demais, e com frequência deixa as pessoas na dúvida a respeito de terem sido ou não perdoadas.

Uma segunda consequência do perdão pode ser que, mesmo depois de uma das partes ter perdoado a outra num relacionamento, este possa não voltar a ser o mesmo de antes. A pessoa ofendida perdoou a outra, porém permanece fria e distante. O ato do perdão é genuíno, mas a confiança foi prejudicada. Em virtude da natureza da ofensa – por exemplo, infidelidade, mentiras constantes ou abuso emocional –, um sentimento de perda ou mágoa estará presente. Quando a confiança é restaurada, o relacionamento pode voltar ao que era antes, pode ficar melhor, ou não acontecer nenhuma das duas coisas.

Uma terceira possibilidade na área da reconciliação é que, mesmo depois de o perdão ter sido aceito, a reconciliação seja impossível. Perdão nem sempre envolve reconciliação. O triste fato é que nem todos os relacionamentos podem ser reconstituídos. Aqueles em que ocorreu um grave abuso físico, emocional ou sexual são geralmente irreparáveis e, para sua própria segurança, as vítimas não devem nem mesmo pensar na hipótese de uma reconciliação.

As vítimas de abuso precisam entender o motivo pelo qual escolheram aqueles parceiros e por que permaneceram em um relacionamento doentio. Nesses casos, abandonar o parceiro é uma modificação externa, mas a mudança psicológica e espiritual interior é ainda mais necessária para que a vítima possa seguir em direção a uma vida de relacionamentos saudáveis.

Precisamos ter consciência dos sentimentos ambivalentes que são uma parte normal do rompimento de um relacionamento. As pessoas podem ter passado juntas um longo tempo, compartilhando, durante muitos anos, bons e maus momentos. Leva tempo para cortar as terminações nervosas de um antigo relacionamento. Sabemos, na cabeça e no coração, que nunca mais poderemos confiar na outra pessoa, o que é uma constatação triste e desalentadora. Mas não pode haver mais negação: o relacionamento acabou, apesar dos nossos sentimentos confusos. Alguns relacionamentos acabam e outros nunca deveriam ter existido.

O fim de um relacionamento pode causar um profundo sentimento de perda, embora possamos nos sentir aliviados, sabendo que esse término foi para o nosso bem. Precisamos nos permitir sofrer a perda do relacionamento. As esperanças e sonhos que tínhamos para o relacionamento nunca serão alcançados. As ramificações dessa perda envolverão outras perdas afins que são uma parte integrante dos relacionamentos perdidos. Não podemos seguir adiante com a vida ou ter outro relacionamento íntimo enquanto não tivermos explorado e resolvido plenamente o relacionamento perdido, perguntando como falhamos um com o outro.

Em alguns relacionamentos destruídos, uma das pessoas deseja que ele dê certo e resiste à decisão da outra de partir. Isso é extremamente doloroso para aquela que está buscando remediar o relacionamento, mas depois de fazer muitas tentativas infrutíferas de reconciliação, ela precisa aceitar e lidar com a realidade – o relacionamento acabou. Para que qualquer relacionamento seja bem sucedido, é preciso que as duas pessoas estejam dispostas e motivadas. Um relacionamento no qual uma das pessoas optou por ir embora não pode ser forçado a dar certo.

Perdoamos os outros em nosso próprio benefício.

Às vezes, as pessoas que estão em relacionamentos irreconciliáveis se debatem com a questão quanto a se devem ou não verbalizar o perdão para a outra pessoa. Elas verbalizaram na cabeça e no coração, e com um amigo de confiança, o perdão à outra pessoa. Mas não precisam necessariamente dizer isso ao ofensor para tornar o perdão válido. Principalmente nos casos de abuso sexual ou físico, o perdão verbalizado pode nos deixar vulneráveis a comentários injustos e injustificáveis do outro, ou pode ser percebido como uma tolerância ao seu comportamento. Pode também ser mal interpretado como uma indicação da possibilidade de reconciliação, ou ainda de que somos culpados de alguma coisa.

As pessoas precisarão fazer uma análise calculada para determinar se a verbalização do perdão será benéfica para si mesmas e para a outra pessoa, ou prejudicial. A resposta nem sempre é bem-definida, e errar para o lado da cautela é a coisa mais criteriosa a fazer. Podem haver ocasiões em que precisaremos dizer diretamente à outra pessoa que a perdoamos, como, por exemplo, se o ofensor estiver morrendo e precisar ouvir as palavras dos nossos lábios. No entanto, a decisão de verbalizar o perdão precisa ser tomada no momento apropriado, por razões sensatas e com emoções saudáveis: sem culpa, vergonha, compulsão ou impulsividade.

Com frequência, surge a pergunta a respeito de quem deve tomar a iniciativa de perdoar e se reconciliar. A resposta é a seguinte: o ofensor precisa tomar a iniciativa e pedir perdão e reconciliação. Jesus dá o seguinte exemplo: "Se trouxeres a tua oferta ao altar, e ali te lembrares de que teu irmão tem alguma coisa contra ti, deixa diante do altar a tua oferta, e vai reconciliar-te primeiro com teu irmão, e, depois, volta e apresenta a tua oferta" (Mateus 5,23-24). Jesus também afirma que devemos perdoar "setenta vezes sete" – que significa repetidamente, em linguagem cifrada.

Jesus dá um passo à frente no seu ensinamento quando nos encoraja a tomar a iniciativa de perdoar e buscar reconciliação, mesmo quando somos a parte ofendida. "Se teu irmão tiver praticado uma ofensa contra ti, vai e repreende-o, entre ti e ele somente; se ele te escutar, terás ganho teu irmão" (Mateus 18,15). Jesus prossegue: se o ofensor recusar nosso perdão e pedido de reconciliação, deixe que ele se vá. Fizemos o que podíamos fazer e podemos ficar em paz com nós mesmos. Jesus nos deixou um exemplo extraordinário das suas palavras a respeito do perdão quando declarou na cruz: "Pai, perdoa-lhes porque não sabem o que estão fazendo" (Lucas 23,24). Jesus também nos encoraja a rezar pelos nossos inimigos, por aqueles que nos perseguem ou odeiam e por todas as pessoas difíceis que não gostam de nós ou de quem não gostamos.

A pergunta que Jesus coloca diante de cada um de nós é a seguinte: "Queres ficar curado?" (João 5,6). Se respondermos que sim, então precisamos estar dispostos a dar os passos necessários em direção à cura. Um ponto essencial no encontro dessa cura é a disposição de perdoar e ser perdoado. Perdoar não significa esquecer. Precisamos perdoar os outros basicamente em nosso próprio benefício e em benefício deles.

Perdoar nem sempre significa que a reconciliação com os outros será possível. Essas verdades fundamentais a respeito do ato do perdão nos deixarão livres para perdoar e nos tornarmos as pessoas que Deus nos destinou a ser.

7.

AS PERDAS DA VIDA

A vida está repleta de perdas. Do útero ao túmulo, uma série de perdas nos acompanha ao longo da vida. As perdas são uma parte normal, frequente e difícil da vida e do crescimento. Algumas perdas são mais chocantes, dolorosas e frustrantes do que outras. Quando avaliamos as perdas da vida, ficamos impressionados com suas diversas dimensões, aspectos e nuanças.

Um importante critério para uma vida emocionalmente saudável e proveitosa é a capacidade da pessoa de identificar perdas o mais rápido possível, quando ocorrerem, e depois enfrentá-las e resolver o seu conteúdo emocional, examinando-as, fazendo ajustes, aceitando, deixando de pensar nelas e seguindo em frente. Quer as perdas que sofremos sejam secundárias, como a perda da oportunidade de almoçar com um amigo, ou primordiais, como a perda de um cargo importante e financeiramente lucrativo em uma empresa, ninguém está livre delas.

As perdas da vida podem ser distribuídas em seis categorias gerais. A primeira abrange a morte de pessoas queridas como pais, cônjuges e filhos, com todas as perdas resultantes dessa morte. Incluímos aqui a morte de um animal de estimação que amamos.

A segunda categoria abarca os relacionamentos deteriorados ou perdidos, como acontece no divórcio ou no rompimento de uma amizade íntima, com todas as repercussões relacionadas ao rompimento, como a perda do vínculo com parentes do outro, a comemoração conjunta de datas festivas e relações sexuais.

Na terceira categoria estão incluídas as perdas familiares que vivenciamos, por exemplo, o pai alcoólatra que não está presente emocionalmente para a família ou que a abandona, ficando assim perdido para os seus familiares; ou então os pais que nunca expressaram amor, afeto e reconhecimento para os filhos, ou ainda os pais que estavam constantemente doentes, ou física ou emocionalmente debilitados, e, portanto, eram incapazes de criar os filhos.

A quarta categoria alcança as terríveis tragédias que nos atingem sem aviso, como um acidente de carro que deixa a pessoa paralítica, a demissão do emprego, a perda de uma grande quantia num negócio que não deu certo, um aborto espontâneo ou uma perda financeira na bolsa de valores.

Na quinta categoria estão as perdas diárias da vida, como o desapontamento com um dos filhos, expectativas não atendidas, sonhos não realizados, a deslealdade de um amigo de confiança, as oportunidades perdidas de praticar uma boa ação ou de se manifestar em uma reunião, ou ainda a perda da autoestima, do respeito, da dignidade ou da reputação. Há também o piquenique que não teve lugar porque choveu, o time da casa que perdeu o jogo de futebol, a perda da juventude com a concomitante privação da audição ou da visão, ou a piora da saúde de um modo geral e a perda da energia e interesse sexual.

A sexta categoria abrange as perdas necessárias, como remover um órgão canceroso para salvar a nossa vida, abandonar um relacionamento onde está ocorrendo abuso físico e emocional para proteger-nos ou deixar um bom emprego e colegas de quem gostamos por outro que nos oferece um salário e um cargo melhor.

O que estou querendo dizer é que, às vezes, as perdas que experimentamos nem sempre são reconhecidas porque podem ser bastante sutis. Quanto mais conseguirmos identificar nossas perdas, mais poderemos processá-las e permanecer emocional e espiritualmente vivos e saudáveis. As perdas são, de fato, dolorosas, mas quando lidamos com elas, constatamos que todas são oportunidades para o crescimento pessoal e espiritual.

Muitas das nossas experiências de perda são experiências comuns com as quais todos conseguimos nos relacionar. Elas nos conectam à condição humana. Quando choramos ao lado da nossa família e amigos no enterro de alguém que todos amávamos, compartilhamos, com diferentes intensidades, a tristeza e o doloroso sentimento da perda. Algumas perdas recuam à infância, como quando um bebê é afastado do seio da mãe ou quando uma criança chora a perda do seu ursinho de pelúcia. Há também as inúmeras despedidas da vida que são mais ou menos difíceis. Há ainda a perda de um dente, do cabelo ou de um souvenir estimado que não conseguimos encontrar. Temos as folhas que caem das árvores e que significam o fim do verão. O caminho da vida está repleto de perdas, e somos constantemente desafiados a nos ajustarmos a elas.

As mudanças envolvem perder e tirar o assunto da mente a fim de crescer.

Algumas perdas são tão insignificantes que nos sentimos constrangidos de admitir qualquer sentimento de perda. Não obstante, são perdas e precisam ser reconhecidas – pelo menos para nós mesmos. Nenhuma perda deveria passar sem ser reconhecida. Mesmo quando ninguém entende a nossa perda ou reconhece que estamos vivenciando uma, essa perda será sempre importante para nós nos recônditos silenciosos do coração.

Perdas são inerentes à condição humana. Não são boas ou más, justas ou injustas, mas são realidades na nossa vida do dia a dia. Algumas perdas são parte integrante da progressão da vida; a criança tem que deixar a proteção do lar e ir para o jardim de infância; o aluno do ensino médio precisa deixar a família e ir para a faculdade; as crianças têm que aprender a perder nos jogos de bola, e esse aprendizado é tão importante quanto aprender a ganhar; o adolescente precisa desistir da adolescência e ingressar na idade adulta. Há ainda o processo comum do envelhecimento, que todos vivenciamos e, frequentemente, envolve a perda da competência física e mental.

Gail Sheehy, no livro *Passages*, descreve as crises e as mudanças da idade adulta como oportunidades para a mudança criativa, da qual as pessoas emergem mais fortes do que eram. É uma questão de desistir de uma coisa para ganhar outra, como, por exemplo, deixar a atmosfera acadêmica da universidade pela competição do mundo dos negócios. Às vezes, pode significar desistir de certos tipos de comportamento e adotar outros, mais maduros. Ou pode significar ainda não estarmos satisfeitos com quem somos e nos tornarmos pessoas melhores. Algumas pessoas, no final da casa dos vinte anos, ainda são emocionalmente adolescentes porque não abandonaram certos tipos de comportamento ou dependências.

As mudanças na vida sempre envolvem a perda e a desistência para podermos crescer. No livro *Necessary losses*, Judith Viorst escreve a respeito de "como crescemos e mudamos quando passamos pelas perdas, que são uma parte inevitável e necessária da vida, os amores, ilusões, dependências e expectativas impossíveis dos quais todos temos que desistir a fim de crescer".

A jornada da perda encerra três estágios. Primeiro, há o reconhecimento da realidade da perda. Isso nos ajuda a superar o choque, a descrença e a negação, ou a minimização ou fingimento a respeito da perda. Segundo, caminhamos através da tristeza e de todos os outros sentimentos dolorosos que a perda acarreta. Terceiro, aceitamos a perda, tiramos o assunto da cabeça e seguimos adiante com a vida. Dependendo da natureza da perda, o processo pode durar alguns segundos, horas, dias, semanas ou anos.

O RECONHECIMENTO DA PERDA

Quando reconhecemos e lidamos com a realidade das perdas em nossa vida, podemos nos voltar mais para a realidade. Enfrentar a realidade sempre nos mantém sinceros e mentalmente saudáveis. Também nos deixa mais sensíveis às perdas que outros vivenciam. Quando sentimos a dor, a tristeza e a frustração das nossas perdas, nós nos tornamos pessoas mais humanas e compassivas.

Quer as nossas perdas pareçam importantes, quer não, mesmo assim são perdas, e precisamos lidar com elas e processá-las porque cada uma é um degrau na jornada da vida. Quanto mais identificamos a perda, quanto mais enfraquecemos os muros da negação e quanto menos racionalizamos a respeito da perda, fingindo que ela não aconteceu, com mais facilidade o choque e a descrença desaparecerão e enfrentaremos a realidade dolorosa da perda. Essa é uma das maneiras pelas quais amadurecemos emocional e espiritualmente.

Os pais podem preparar os filhos para a vida quando os ensinam e ajudam a enfrentar e lidar com as perdas e insucessos do dia a dia, grandes ou pequenos. Quando os pais evitam lidar com as perdas dos filhos e com a dor e a frustração que elas acarretam, eles retardam o desenvolvimento emocional e espiritual dos filhos. É claro que precisamos perguntar o que o comportamento dos pais revela a respeito da sua capacidade de lidar com as perdas na sua própria vida.

Quanto mais nos conscientizamos de nossas perdas, somos sensíveis a elas e as respeitamos, mais podemos reconhecê-las e ser responsáveis por elas. Seremos convincentes quando dissermos para outra pessoa: "Entendo o que você está passando". As pessoas podem ser terrivelmente insensíveis às perdas das outras pessoas porque não têm consciência das suas.

TRISTEZA POR CAUSA DA PERDA

Ficar tristes por causa de uma perda é o estágio de sentimento que nos conduz a um período de pesar que encerra uma maior ou menor quantidade de dor, dependendo da importância da nossa perda. Como o pesar é doloroso, temos a tendência natural a desejar evitá-lo, ou, de alguma maneira, minimizar os sentimentos dolorosos. O aluno que é reprovado em uma prova diz ao amigo que lhe pergunta como está se sentindo com relação ao fato: "Afinal, era apenas uma prova. Não é tão importante". Essa atitude não é típica da maneira como as pessoas frequentemente lidam com a perda? Elas passam por cima dela de um modo casual, com pouca ou nenhuma experiência emocional ou expressão da perda, mas por dentro estão sofrendo, quer o percebam, quer não. Essa repressão faz com que se tornem um pouco menos humanas, fiquem menos em contato com seu mundo interior de sentimentos. Elas continuam a acumular sentimentos não resolvidos, de modo que se tornam insensíveis para a vida.

Algumas pessoas transformam em um desastre emocional as perdas da sua vida, sejam estas muito ou pouco importantes. Essas pessoas carecem de um senso de proporção e por isso reagem exageradamente. Não raro, ficam emperradas em uma perda depois da outra, e nunca chegam a completar o processo do pesar, da dor da perda. Elas tendem a ser sombrias e negativas, e a permanecer em um constante estado de lamentação. São extremamente inseguras e carecem de autoconfiança. Podem ficar amargas e se tornar vítimas profissionais. No entanto, se identificarmos nossas perdas e passarmos por elas, não ficaremos emocionalmente bloqueados, deprimidos, sombrios, infelizes ou amargos. As pessoas que ficam atoladas nas suas perdas podem não ter consciência de que estão bloqueadas, emocionalmente paralisadas.

A tristeza pode ser difícil, mas não é um sentimento necessariamente pernicioso. É doloroso, mas nos recorda de que perdemos uma coisa importante e preciosa para nós. A depressão, contudo, é um estado mental opressivo. É a tristeza enterrada, junto com todos os outros sentimentos que acompanham a dor da perda. Quando estamos tristes, podemos ainda assim funcionar e seguir adiante com a vida, mas a depressão nos deixa ineptos. Com frequência, não conseguimos funcionar no dia a dia.

O alívio e a tristeza podem caminhar de mãos dadas.

Debaixo da depressão da maioria das pessoas, tenho encontrado muito pesar não resolvido por causa das perdas que sofreram na vida. Às vezes, as pessoas sentem vergonha desses sentimentos ou acham que estão sendo egoístas por se sentirem dessa maneira com relação a si mesmas. Na realidade, precisam se permitir ser humanas e vivenciar esses sentimentos. Quando choramos nossas perdas, podemos construir caráter, e o caráter diz respeito à maneira como lidamos com as perdas da vida. A principal razão pela qual as pessoas não sabem sofrer a dor da perda é o fato de não saberem sentir, ou de não se permitirem sentir.

Os sentimentos ambivalentes a respeito de uma perda são uma experiência frequente. Uma mulher pode sentir alegria e alívio ao ser informada de que o tumor no seu seio não é canceroso, mas, ao mesmo tempo, ficará triste devido à possível desfiguração do seu corpo. As pessoas podem sentir alívio porque o cachorro da família morreu depois de uma doença grave, mas também derramarão lágrimas de tristeza porque o animal não está mais com elas. O alívio e a tristeza podem caminhar de mãos dadas. Sentir alívio não é ruim; é um sentimento normal tanto pelo bem do cachorro quanto pela família, que estava sofrendo enquanto assistia à dor do animal.

As pessoas podem confundir frieza e embotamento da dor da perda com ser uma pessoa forte, quando, na realidade, esse estoicismo representa uma fraqueza e a negação de sua plena condição humana. Temem seus sentimentos; sentem-se pouco à vontade com eles. Não compreendem que os sentimentos de tristeza são um aspecto necessário do sofrimento da perda. Não sabem lidar com seus sentimentos, de modo que os evitam ou enterram, achando que essa é a maneira certa de lidar com eles, quando, na verdade, estão sendo controladas por eles. Podem fazer pouco caso da perda ou brincar a respeito dela a fim de não se sentirem ou parecerem fracas. Todas essas táticas as impedem de sofrer adequadamente a perda, de modo que não conseguem se curar.

Às vezes, as pessoas são insensíveis e pouco solidárias com relação ao pesar alheio. Evitam lidar com quem está sofrendo porque não se sentem à vontade e não sabem o que dizer ou fazer. Podem também achar que a perda é insignificante ou tola, e brincam a respeito dela ou a põem de lado. Não raro, têm boa intenção, mas agravam a dor do outro com comentários insensíveis, como: "Você não deveria se sentir tão mal por ter vendido o carro. Afinal, era apenas um carro. Você pode comprar outro. Amanhã você vai estar se sentindo bem". As pessoas ajudariam muito mais se sentissem junto ao outro, simplesmente escutando e deixando-o falar e dar vazão aos seus sentimentos. A pessoa sabe que pode comprar outro carro, mas precisa lidar com a perda desse carro "velho e fiel".

Por que tantas mulheres ficam tristes e até mesmo deprimidas depois de um aborto espontâneo? Elas sofreram uma perda grave e precisam se lamentar, mas com frequência se deparam com o seguinte comentário insensível: "Não fique assim; você pode engravidar de novo". Que conselho inútil! Elas, na verdade, precisam do nosso apoio e estímulo para extravasar a dor da perda.

Se as mulheres precisam sofrer a dor de um aborto espontâneo, também é fundamental que aquelas que optam por fazer um aborto também sofram sua dor. O aborto não é apenas um procedimento médico, depois do qual a vida prossegue normalmente. É uma escolha da mulher e, em muitas situações, é feito com consentimento do parceiro ou até mesmo porque ele a está pressionando. Essa profunda dor física, emocional, mental e espiritual, que dilacera a alma tanto da mulher quanto do homem, é incalculável. Eles sentem alívio logo depois do aborto, mas com o tempo terão que enfrentar a perda. Existe uma dor subjacente que não irá embora. Ela não pode ser negada ou reprimida.

Ao longo dos anos, tive o privilégio de aconselhar muitas mulheres e homens que estavam sofrendo e lidaram com a dor do aborto, buscaram o perdão, perdoaram a si mesmos e deram um nome ao filho. Eles reconheceram o aborto. Foi um processo de crescimento e cura emocional e espiritual. Mencionei homens que estavam envolvidos no aborto da parceira porque frequentemente se sentem deixados de fora do processo de sofrimento da perda da criança ou negam o que aconteceu. Esses homens também precisam se lamentar, curar, buscar o perdão e perdoar a si mesmos. Há um grupo, chamado Project Rachel, no qual as pessoas que têm questões de aborto não resolvidas podem encontrar um refúgio seguro, cura e esperança. Lembre-se de que o amor e a compaixão de Deus são ilimitados.

ACEITAÇÃO E RESOLUÇÃO DA PERDA

Enfrentamos a realidade da perda e lidamos com nossa tristeza e outros sentimentos relacionados. Agora, concluímos o processo ingressando no estágio de aceitação e resolução, no qual deixamos de pensar constantemente no assunto e seguimos em frente com a nossa vida. O processo de recuperação nos conduziu à cura. Podemos não ter ficado completamente curados, mas, pelo menos, o processo está começando e estamos seguindo adiante.

Aceitar não significa que apreciamos ou aprovamos a perda, mas que estamos dispostos a conviver com a realidade. Por exemplo: "Nosso chefe está indo embora. Ele era competente e foi bom para nós. Vamos sentir falta dele". A dor de sua saída desaparece gradualmente, exceto por um sentimento ocasional que podemos ter por ele. A memória da coisa ou da pessoa que perdemos voltará de vez em quando, e talvez restem algumas consequências da perda, mas a cura terá lugar porque lidamos com a perda e a enfrentamos com firmeza. Fizemos algumas mudanças e outras adaptações. Estamos em paz com nós mesmos. Deixamos de pensar constantemente no assunto e, com fé e confiança, colocamos tudo nas mãos de Deus. Podemos seguir em frente com as nossas vidas.

A vida pode se tornar diferente de várias maneiras em decorrência das perdas. Avaliamos agora as outras pessoas com muito mais sabedoria. Sentimentos dolorosos não resolvidos não mais nos oprimem, puxando-nos para baixo. Compreendemos que, para concluir o processo de sofrimento por causa de uma perda, temos que assumir a realidade da perda e lidar com os sentimentos dolorosos antes de chegar à aceitação e resolução finais. Seguimos em frente. Não existem atalhos. Não podemos saltar da realidade para a aceitação. Precisamos passar pela área dolorosa de lidar com a dor emocional, que com o tempo se dissipará se a enfrentarmos.

Algumas perdas na vida são tão trágicas que o pesar e a cura envolverão um processo que durará a vida inteira, como, por exemplo, quando as pessoas ficam fisicamente debilitadas pela perda de um braço. Lamentar a perda e a cura que se segue continuarão pelo resto de suas vidas. Algumas pessoas estão sofrendo por causa de uma doença terminal; estão morrendo centímetro por centímetro. Sua dor é um processo diário. Elas precisam continuar a viver através de diferentes níveis da realidade da sua doença, dos sentimentos dolorosos que a acompanham e da aceitação da enfermidade.

Como as pessoas sofrem e sobrevivem a uma sucessão de perdas? Isso requer, entre outras coisas, viver um dia de cada vez e se concentrar nos principais assuntos do dia, priorizando quais precisam ser abordados e quando. Alguns problemas precisam ser colocados de lado para que sejam tratados depois; precisamos reconhecer nossas limitações. Tampouco podemos esperar processar, ao mesmo tempo, todos os nossos sentimentos relacionados a cada perda. Alguns sentimentos terão de ser armazenados – e não reprimidos – até que tenhamos tempo para processá-los.

Precisamos manter realistas as nossas expectativas, e nos tranquilizarmos por saber que todos os problemas precisam de tempo para serem processados. Não existem soluções rápidas e fáceis. Precisamos ser compassivos, pacientes e compreensivos com nós mesmos.

Precisaremos do apoio de pessoas com quem possamos extravasar nossos sentimentos e conversar sobre nossos problemas a fim de fazer ajustes e encontrar possíveis soluções. O aconselhamento pode ser de grande ajuda; na realidade, no caso de algumas pessoas, ele será absolutamente necessário. Precisamos cuidar de nós mesmos física, mental, emocional e espiritualmente se pretendemos superar todas essas perdas. Já vi muitas pessoas que passam por uma série de perdas emergirem melhores, mais felizes e mais confiantes.

A autoconfiança implica que, independentemente das perdas que possamos sofrer, seremos capazes de lidar com elas de uma maneira ou de outra. Com frequência, as pessoas encontram novos recursos dentro de si mesmas cuja existência nunca tinham percebido. O CEO de uma empresa grande e bem-sucedida perde o cargo, tornando-se depois um corretor de imóveis de grande sucesso e passando a ganhar melhor do que na antiga função.

Precisamos buscar ajuda, encontrar e trazer à tona recursos que estão disponíveis para nos ajudar. Evitar ficar oprimido é importante para a sobrevivência e a cura.

8.
A PERDA DE UM RELACIONAMENTO IMPORTANTE

A perda de um relacionamento próximo, especialmente o que temos com o cônjuge, pode ser tão dolorosa e estressante quanto a morte de um ente querido. Na realidade, muitos que vivenciaram os dois afirmam que o fim do relacionamento matrimonial, especialmente no caso do divórcio, é ainda mais angustiante do que a morte do cônjuge. De qualquer modo, essas perdas são as experiências mais estressantes da vida.

Quando o cônjuge morre, compreendemos que a pessoa não está mais aqui. No fim do relacionamento, a outra pessoa ainda está viva, e, especialmente no caso do divórcio, o ex-cônjuge ainda está "disponível". Quando existem filhos, haverá, necessariamente, um certo contato inevitável. Mesmo quando o casal não tem filhos, ainda assim haverá ocasiões, como nas reuniões em família, enterros ou encontros aleatórios, nas quais o contato com o ex-cônjuge será inevitável. Em cada contato, antigas feridas, bem como lembranças, alegres e tristes, frequentemente, lampejam diante dos olhos da pessoa divorciada. O divórcio nem sempre dá origem à conclusão física. Os casais divorciados continuam vulneráveis quando se encontram. Uma dinâmica semelhante é apresentada em qualquer relacionamento rompido.

Repito: embora meus comentários aqui estejam voltados para o divórcio, a mesma dinâmica será vivenciada por qualquer pessoa em um relacionamento rompido, especialmente quando se trata de um relacionamento próximo ou íntimo. Quer esses relacionamentos sejam entre crianças, adolescentes, adultos ou pessoas maduras, todos sentirão a mesma dor emocional. Os relacionamentos próximos podem ocorrer entre pessoas de todas as idades e estilos de vida, entre membros de uma família ou entre pessoas do mesmo sexo.

Quando relacionamentos íntimos, emocionais, se desintegram irremediavelmente, as pessoas sentem a mesma dor e os estágios de sofrimento que acompanham o final dos relacionamentos irreconciliáveis. Somente o grau de intensidade emocional da dor será diferente. Seja qual for o tempo de duração ou a qualidade desses relacionamentos, negar ou fingir que não existiu mágoa ou sentimento de perda não é uma opção se desejarmos verdadeiramente ficar curados do ponto de vista emocional e espiritual.

A DOR DA PERDA

O término de qualquer relacionamento próximo, por mais breve ou superficial que possa ter sido, requer que passemos pela dor da perda. Acredita-se, de um modo geral, que sofremos mais quando relacionamentos duradouros, como o casamento, e até mesmo envolvimentos mais temporários terminam, ao passo que o rompimento de relacionamentos mais superficiais ou entre crianças ou adolescentes é encarado como uma experiência passageira que deve encerrar pouco sofrimento ou desapontamento. Consideramos estes insignificantes e achamos que as pessoas envolvidas devem se recuperar rapidamente da dor.

Os pais precisam tomar consciência das amizades rompidas dos filhos para que possam ensiná-los a reconhecer a mágoa e a dor que estão sentindo, e resolvê-las, conversando sobre o que aconteceu e deixando as crianças expressarem os seus sentimentos. Quando os pais não dão importância a esses acontecimentos na vida dos filhos, estes aprendem a tratá-los como experiências sem importância. Enterram sua dor e seguem em frente com a vida, mas são privados do aprendizado a respeito de como enfrentar o rompimento normal, comum, dos relacionamentos, que voltará a ocorrer na vida deles. Quando os pais não levam a sério a experiência com relacionamentos rompidos dos filhos, estes são privados da chance de conhecer melhor a si mesmos e aprender lições com a amizade fracassada, informações que poderão ser fundamentais para eles para que possam formar relacionamentos melhores e mais sólidos no futuro.

Quando um relacionamento chega ao fim, temos sempre que passar pelo processo da dor da perda.

Os adolescentes e os adultos jovens, com frequência, têm uma sequência de relacionamentos emocionalmente intensos, porém de curta duração. Às vezes, os jovens podem parecer bastante superficiais quando um relacionamento desmorona, porque, em geral, não processam a perda nem refletem o bastante sobre o que lhes aconteceu. Enterram os sentimentos e procuram outros envolvimentos emocionais. Nesses casos, as feridas emocionais deixam de ser tratadas, e o jovem perde a oportunidade de aprender com a experiência. Debaixo de grande parte da confusão e da depressão dos nossos jovens estão sentimentos de dor, raiva, desapontamento e ansiedade a respeito do relacionamento perdido, que não foram trabalhados e resolvidos.

Precisamos parar de achar que os nossos filhos, crianças ou adolescentes, não sentem uma dor emocional na área das amizades rompidas, e passar a reconhecer que eles também têm sentimentos. Não há dúvida de que os seus relacionamentos podem ser superficiais e imaturos; não obstante, seus sentimentos feridos são uma realidade. Às vezes, os adultos não estão em contato com seus sentimentos dolorosos, de modo que tendem a negar a dor e a mágoa que os filhos podem estar vivenciando. O princípio básico é que todo relacionamento rompido precisa ser reconhecido, e precisamos passar pelo processo da dor da perda, mesmo quando é necessário que esses relacionamentos cheguem ao fim, caso contrário, os relacionamentos futuros estarão correndo risco. Os pais precisam ajudar os filhos a falar sobre o rompimento dos seus relacionamentos, em vez de minimizá-los, como quando dizem, por exemplo: "Você logo vai arranjar outra namorada".

Todo relacionamento rompido nos estimula a enfrentar e questionar nosso estilo de nos relacionarmos com os outros. O fracasso de todo relacionamento rompido encerra sempre dois aspectos. Como o relacionamento fracassou? E como eu falhei no relacionamento? O fracasso dos relacionamentos pode nos conduzir a níveis mais profundos de maturidade emocional e espiritual. Um relacionamento rompido pode nos desafiar a encontrar coragem para procurar e desenvolver relacionamentos melhores e mais saudáveis.

Muito tem sido escrito a respeito das características dos relacionamentos saudáveis e maduros. No entanto, precisamos saber como sobreviver e aprender com os relacionamentos fracassados. Precisamos emergir deles como pessoas melhores, e não como pessoas amargas ou céticas. Por conseguinte, todos precisamos refletir sobre nossos relacionamentos fracassados para não apenas ficarmos curados, mas também inspirados e transformados pelas experiências dolorosas. Precisamos compreender que falhar nos relacionamentos faz parte da vida, mas que podemos avançar sem sermos destruídos. Além disso, temos que aprender a assumir a responsabilidade pela nossa parte no motivo pelo qual o relacionamento fracassou.

Lidar com relacionamentos rompidos significa enfrentar a realidade do que aconteceu, experimentar e conversar sobre essa realidade e os sentimentos que a acompanham, e, com o tempo, deixar de pensar no assunto e seguir em frente. Não conseguiremos ter bons relacionamentos com todo mundo. Podemos desenvolver relacionamentos próximos apenas com algumas pessoas. Às vezes, criamos muito sofrimento desnecessário na nossa vida devido a expectativas irrealistas de que temos obrigatoriamente que ser amigos de todo mundo.

A IMPLACÁVEL REALIDADE DO DIVÓRCIO

De todos os relacionamentos rompidos, o divórcio é o mais proeminente e mais doloroso. Sabemos que um número enorme de casamentos fracassa. Isso se tornou uma preocupação social e religiosa devido à desolação que o divórcio causa aos cônjuges, aos filhos e à família estendida, sem mencionar o mal que causa à sociedade como um todo. O divórcio pode ser um desastre financeiro e emocional.

É difícil encontrar uma família que não tenha vivenciado o efeito trágico do divórcio. Como se trata de um fenômeno comum, que ocorre mais facilmente hoje do que no passado, e também mais aceitável, muitos chegam à conclusão de que as pessoas se divorciam rapidamente, sem pensar ou refletir muito. Na condição de alguém que escutou as dolorosas histórias de pessoas divorciadas durante mais de trinta anos, posso afirmar que essas suposições não são verdadeiras. A maioria das pessoas divorciadas com quem trabalhei passa por uma experiência angustiante que pode ser comparada à agonia de Jesus no Jardim de Guetsêmani: "Pai, se for possível, afasta de mim este cálice".

A maioria das pessoas não encara levianamente o divórcio. Podem fazer ameaças de divórcio, falar a respeito dele, mas não é uma jornada que muitas pessoas empreendem sem pensar duas vezes e sem angústia. Na realidade, às vezes, as pessoas permanecem muito mais tempo do que deveriam em um casamento que se deteriorou porque não querem admitir o insucesso e nem sofrer a agonia do processo do divórcio. São invadidas pelo medo e pela ansiedade a respeito do futuro desconhecido, especialmente com relação a viver sozinhas.

Às vezes, um dos cônjuges grita "eu quero o divórcio" em um acesso de frustração, mas, com frequência, estão querendo dizer que não querem continuar a viver o tipo de relacionamento infeliz que estão vivendo. Frequentemente, as pessoas decidem impulsivamente se divorciar, sem se dar conta de que pode haver alternativas. Por exemplo, um casal pode procurar o aconselhamento, esfriar a cabeça, discutir com calma suas diferenças, talvez obter alguma intercessão, alguma mediação. Os casados, às vezes, não se dão conta de que o casamento é uma proposta difícil que encerrará diferenças e problemas, e tudo o que faz parte do processo de alcançar um melhor relacionamento. Parafraseando David Schnarck: o casamento é difícil, mas os problemas e a ansiedade que o acompanham podem ajudar as pessoas a crescer. E quando as pessoas crescem, o relacionamento também cresce.

Existem ocasiões nas quais os cônjuges, enquanto estão sentados na vara de família, se perguntam como tudo aquilo aconteceu, mas quando os advogados entram em cena, o aspecto antagônico do divórcio começa a se manifestar e, depois de algum tempo, assume o comando. Não há como impedir que o divórcio siga os trâmites legais. Muitas pessoas se arrependem de não ter procurado o aconselhamento antes do divórcio. Na realidade, pedir o divórcio sem receber aconselhamento equivale a atravessar uma rua movimentada de olhos fechados quando poderíamos ir até a esquina e esperar o sinal abrir. Na realidade, o orientador psicológico é tão importante quanto o advogado.

O aconselhamento possibilitará que as pessoas superem muitas dificuldades, especialmente as do labirinto emocional que certamente encontrarão. Com frequência, o aconselhamento tornará mais óbvio que o casamento não poderá ser salvo e provavelmente não deveria ter tido lugar. Os cônjuges podem então encerrar as sessões de aconselhamento cientes de que fizeram todo o possível para salvar o casamento, mas a reconciliação não é possível. Esse processo pode remover quaisquer dúvidas posteriores que as pessoas possam ter de que o casamento poderia ter dado certo se ao menos tivessem "se esforçado mais".

SEGUINDO EM FRENTE

As pessoas precisam sentir que o casamento acabou para que possam sofrer a dor do fim do relacionamento, enfrentar as consequências e seguir adiante com sua vida. Isso fará com que sejam eliminadas quaisquer dúvidas de que o casamento ainda era viável e abrirá a porta para que as pessoas sofram a perda do casamento que acabou.

Todos os problemas conjugais têm duas faces.

Um dos equívocos em que incorrem pessoas que vivem em casamentos problemáticos é que, se o parceiro não concordar com o aconselhamento, este não poderá ser eficaz. "De que adianta procurar orientação se meu marido se recusa a me acompanhar?" O ideal é que os dois cônjuges participem do aconselhamento, mas a realidade é que, com frequência, a mulher se mostra mais disposta a enfrentar assuntos e emoções dolorosos, bem como a buscar sozinha o aconselhamento. Muitos casamentos foram salvos porque um dos cônjuges se mostrou disposto a fazer uma autoanálise e mudar o que poderia mudar.

Todos os problemas conjugais têm duas faces. Não são causados por uma única pessoa. Se um dos cônjuges controla a situação, é porque o outro está sendo submisso. Esse fato em si apresenta dois conjuntos de problemas. Mesmo nas situações mais indesejáveis, se, por exemplo, a mulher é a vítima, ela precisa entender como está possibilitando e reforçando o comportamento do marido, e descobrir como pode se impor e enfrentar o comportamento e/ou linguagem inadequados dele. Por mais injusto que o marido possa ser, a mulher precisa mudar para poder começar a romper os padrões "doentios" do casamento. Ela está mudando o que pode mudar, ou seja, ela mesma e, ao mesmo, tempo assumindo uma responsabilidade maior por si mesma e pelo seu papel no casamento.

Com frequência, as mulheres que vivem um casamento insatisfatório se permitem aceitar uma responsabilidade maior pelas dificuldades conjugais do que deveriam. Em decorrência disso, não apenas perdem a autoconfiança como também o sentimento do eu. O aconselhamento pode ajudá-las a recuperar a autoconfiança e se impor mais, a assumir o controle da própria vida. Muitas vezes, os resultados são extraordinários; o casamento muda porque a mulher mudou. O fato de um dos cônjuges ter tido a motivação e a coragem de mudar exerce uma influência positiva no comportamento do outro cônjuge.

Não raro, um casamento problemático pode ser salvo quando os dois parceiros estão dispostos a fazer uma autoavaliação, assumir a responsabilidade pelo seu comportamento, parar de culpar um ao outro e mudar o que podem mudar em si mesmos. No entanto, se uma das pessoas se recusa terminantemente a mudar ou trabalhar para melhorar o casamento, talvez este tenha acabado. Se apenas um dos cônjuges estiver disposto a fazer alguma coisa, não pode haver casamento. O parceiro que resiste pode afirmar que deseja que o casamento dure, mas seu comportamento é negativo e controlador. A verdade se evidencia no seu comportamento, não nas suas palavras. O aconselhamento ajuda então o parceiro que está disposto a fazer alguma coisa a compreender que o casamento acabou e que ele deve tomar as providências legais e emocionais para dissolver a união.

Até mesmo nos casamentos não problemáticos, ambos os parceiros precisam estar dispostos a fazer um trabalho em si mesmos e no relacionamento. Às vezes, os cônjuges permanecem juntos por causa dos filhos, das finanças, dos pais e assim por diante, mas essas situações podem ser muito problemáticas, gerando tensão na família e outras consequências emocionalmente destrutivas. O medo, a culpa, a vergonha e inúmeros outros sentimentos e maneiras de pensar podem manter um casal na mesma casa, mas não estamos falando de um lar.

O divórcio é uma realidade dolorosa que modifica drasticamente a vida dos cônjuges e afeta muitas pessoas inocentes, especialmente os filhos. O casamento acabou. É um fato chocante, e a descrença que ele engendra assume muitas formas. Os cônjuges sabem intelectualmente que o casamento terminou, mas se agarram emocionalmente a ele. Sempre existe a esperança de que o relacionamento possa ser salvo. Às vezes, isso acontece, por um breve período, mas com o tempo é preciso enfrentar o fato: acabou. A negação, a acusação e o fingimento são uma parte integrante da vida depois do divórcio, mas a realidade permanece: o casamento acabou.

As pessoas que estão se divorciando precisam ser tranquilizadas para ter certeza de que sobreviverão ao processo. Precisamos transmitir-lhes o sentimento de esperança de que passarão incólumes por essa provação e ficarão curadas, de que existe vida depois do divórcio, mas que terão de atravessar um deserto árido antes de chegar à aceitação ou resolução final. Esse processo exige tempo. Não existem atalhos.

Há alguns anos atrás, dei uma palestra para um grupo de pessoas divorciadas e separadas. O título da apresentação foi "A experiência do Êxodo". Nessa palestra, comparei a experiência do divórcio à difícil situação dos israelitas que receberam o chamado para sair do Egito e ir para a Terra Prometida. Com frequência, pessoas que se divorciam receberam um chamado de Deus para que deixassem um relacionamento destrutivo que não mais pode ser denominado casamento, por já não ser vivificante. Elas estão sendo chamadas para uma nova vida. No entanto, levará tempo para que possam entrar na Terra Prometida.

Uma vez que a realidade do final do casamento é reconhecida, tem início a dolorosa jornada através dos sentimentos de tristeza e até mesmo de loucura. Desaparece a esperança da reconciliação. Implorar ao ex-parceiro não funciona. Este é um momento de grandes oscilações emocionais, aliadas a uma certa descrença com relação a tudo o que está acontecendo.

A RAIVA E O DIVÓRCIO

A profunda tristeza relacionada com a maioria dos divórcios é acompanhada pelos intensos e, às vezes, esmagadores sentimentos de raiva, fúria e até mesmo ódio. Dor, medo e frustração profundos relacionados ao divórcio despertarão naturalmente uma tremenda raiva. Essa raiva, ou fúria, é compreensível, mas precisa ser discutida. Os parentes e amigos precisam encorajar e apoiar as pessoas que estão se divorciando para que consigam lidar com a raiva. Esta precisa ser trazida à tona e dispersada em uma atmosfera segura, como a que existe entre amigos e aconselhadores. Mas a raiva que a pessoa sente pelo cônjuge não deve ser demonstrada na presença dos filhos durante esse momento em que as pessoas que estão se divorciando são extremamente explosivas.

Em uma situação de divórcio, a raiva é, provavelmente, a emoção mais forte que precisa ser abordada. Pessoas que se divorciam podem ficar imobilizadas no medo, o que as deixa incapazes de atravessar o processo do divórcio de uma maneira apropriada. Se a raiva e os outros sentimentos forem reprimidos, a pessoa ficará deprimida. O outro extremo ocorre quando a pessoa permanece em um estado de raiva. Neste caso, a raiva é frequentemente extravasada sobre os inocentes e pode ser destrutiva para a própria pessoa. Os outros são repelidos pela pessoa zangada e começam a evitá-la. A raiva está controlando sua vida e confere controle ao ex-cônjuge, mesmo que este não se dê conta disso.

O divórcio envolve uma jornada emocional e espiritual de sofrimento. As pessoas divorciadas precisam reconhecer que desejam ficar curadas. Quanto mais dissolverem seus sentimentos, mais controle poderão ter sobre sua vida e, especialmente, sobre o seu modo de pensar. As pessoas divorciadas frequentemente tomam uma má decisão após a outra porque suas decisões se baseiam em sentimentos, e não em uma razão sensata. Não resolveram sua confusão emocional e, por conseguinte, agem impulsivamente, devido à raiva ou ao medo. É bonito presenciar no aconselhamento as pessoas divorciadas trabalharem seus sentimentos e os resolverem, sendo posteriormente capazes de raciocinar de uma maneira mais sensata, de tomar melhores decisões na vida. Sentimentos difíceis são importantes e precisam ser abordados, mas não devemos permitir que eles controlem a maneira como pensamos ou as nossas decisões.

Às vezes, a raiva de uma pessoa divorciada é dirigida para outras pessoas no lugar do ex-cônjuge; por exemplo, para os sogros ou cunhados, ou para qualquer pessoa que possa ter sido cúmplice real ou imaginário no rompimento matrimonial. Na presença de um caso amoroso, a terceira pessoa pode ser alvo de muita raiva. Na realidade, essas outras pessoas podem ter representado fatores que contribuíram para o divórcio, mas com frequência distraem a pessoa divorciada, impedindo que ela enfrente as verdadeiras causas do rompimento. O fato é que o casamento fracassou porque duas pessoas falharam. O principal foco de qualquer raiva precisa ser a própria pessoa e o seu cônjuge. Quando a raiva dos cônjuges é desviada para terceiros, a pessoa que está se divorciando pode ficar impedida de enfrentar não apenas as verdadeiras causas do insucesso do casamento como também o fato de que o casamento terminou e não existe nenhuma esperança de reconciliação.

O sofrimento do divórcio, especialmente mágoa e raiva, afeta o cônjuge que foi abandonado. O sentimento subsequente de rejeição se combina a pensamentos de inadequação e inutilidade. A futilidade e a frustração sentidas quando alguém deseja se reconciliar e trabalhar o casamento, mas a outra pessoa não tem nenhuma intenção ou interesse em se reconciliar, são devastadoras. Talvez um dos cônjuges estivesse pensando no divórcio por um longo tempo, mas nunca deixou transparecer nenhum indício dessa possibilidade. É muito comum que cônjuges que terminam um casamento por causa de outra pessoa tenham reprimido a sua insatisfação com a relação, enterrando a raiva, outros sentimentos e pensamentos negativos a respeito do parceiro. O silêncio resultante pode ser interpretado por este como indício de que o outro estava satisfeito e feliz no casamento. Precisamos sempre desconfiar de parceiros que, para evitar o conflito, não deixam transparecer seus verdadeiros pensamentos e sentimentos. Cônjuges que nunca ficam zangados, que evitam o conflito ou que sempre parecem felizes não estão sendo verdadeiros e genuínos, e não podem contribuir para a formação de um casamento sincero e aberto.

Os casamentos fracassam porque duas pessoas falham.

A boa comunicação em um casamento significa que haverá uma certa quantidade apropriada de conflito, discordância e raiva. Como um cônjuge pode saber o que o outro está pensando ou sentindo se ambos não forem sinceros ao se comunicar? Em um casamento no qual isso não acontece, os dois parceiros estão errados, tanto o que fica em silêncio, por deixar de transmitir seus verdadeiros pensamentos e sentimentos, quanto o outro, por viver em um mundo de sonhos, de negação, e por se mostrar insensível ao fato de que algo está incomodando o seu parceiro.

Às vezes, cônjuges incompatíveis não se separam e dão seguimento ao seu relacionamento sadomasoquista. Mesmo quando recomendo que esses cônjuges se separem, eles continuam a viver juntos. Parecem vicejar na atmosfera conflituosa. Isso se torna um estilo de vida. Mas esse conflito é do tipo destrutivo (que às vezes inclui a violência física). O casal fica bloqueado em um padrão que só pode ser interrompido pela morte.

O grau de profundidade e amplitude dos sentimentos despertados pelo divórcio serão frequentemente determinados pelo tempo de duração do casamento, pelas causas do rompimento, e pela amargura e raiva que podem estar envolvidas. É preciso atravessar uma selva emocional. Pode haver culpa e vergonha saudáveis que precisam ser resolvidas e distinguidas de culpa e vergonha perniciosas.

BUSCAR O ACONSELHAMENTO É BUSCAR DEUS

As pessoas divorciadas precisam tanto de aconselhamento quanto precisam de assistência jurídica. Elas precisam falar a respeito da dissolução do casamento. A família e os amigos são um sistema de apoio necessário, mas estes só conseguem lidar até certo ponto com os efeitos emocionais. Em geral, essas pessoas dedicadas não estão clinicamente equipadas para ajudar a pessoa divorciada a esclarecer o que provocou o rompimento matrimonial. Às vezes, amigos bem-intencionados agravam a situação pós-divórcio, podendo até mesmo ser parte do problema! É por esse motivo que são necessários grupos de apoio para as pessoas divorciadas e separadas, porque aqueles que participam desses grupos estão na mesma jornada e podem caminhar juntos em direção à cura. Os participantes podem compreender e sentir empatia uns pelos outros, mas também podem enfrentar os problemas quando necessário.

Esses grupos de apoio não são concebidos para oferecer um ambiente no qual a pessoa irá procurar um novo parceiro. O grupo deve ser um oásis no qual a pessoa encontra apoio, cura, entendimento e a chance de se renovar. O ministério para os divorciados é uma encenação moderna da parábola do Bom Samaritano, no sentido de que os grupos derramam o óleo cicatrizante sobre as feridas dos que se divorciaram.

A tarefa da pessoa divorciada é descobrir por que o casamento fracassou.

As pessoas divorciadas exibem duas fortes tendências. Ou ficam obcecadas por culpar o parceiro, ou se tornam muito negativas a respeito de si mesmas, assumindo toda ou grande parte da responsabilidade pelo insucesso do casamento. A tarefa realista que a pessoa divorciada tem diante de si é descobrir como e por que o casamento fracassou. Além disso, ela precisa fazer a seguinte pergunta: "Como *eu* falhei?". Os casamentos fracassam porque duas pessoas falham. O sistema judiciário, antagônico, tende a desviar a atenção da pessoa divorciada, impedindo que ela examine seu papel no casamento que fracassou. O aconselhamento confere aos casais a oportunidade de lidar com essas questões.

Até mesmo em casos extremos, nos quais houve abuso, a vítima precisa reconhecer, com o tempo, suas falhas no relacionamento. Esse reconhecimento de modo nenhum faz vista grossa ou desculpa o abuso. A pessoa que sofreu o abuso precisa perguntar por que ela escolheu a outra para ser o seu cônjuge, e se ela possibilitou ou permitiu que o tratamento abusivo persistisse. Por que ela permaneceu em um relacionamento tão destrutivo? Houve abuso no seu passado? Os vislumbres adquiridos com essas perguntas são uma valiosa proteção contra a possibilidade de relacionamentos semelhantes voltarem a ocorrer.

Entender a dinâmica do ex-casamento e compreender melhor a si mesma favorece enormemente a cura da pessoa e a sua esperança para o futuro. A visão dela se enriquece, bem como o seu entendimento do passado e da sua direção futura. Muitas pessoas divorciadas se sentem mal com relação a si mesmas e se consideram fracassadas e inúteis. Mas o fato de terem falhado no casamento não significa que sejam fracassadas na vida. Elas podem aprender, crescer e seguir em frente.

Caso a vida pregressa da pessoa contenha fraquezas e problemas não resolvidos, passar pelo processo do divórcio os trará à tona e os ampliará. O divórcio obrigará as pessoas a identificar esses problemas e fraquezas, a enfrentá-los e abrir caminho através de qualquer tipo de negação que possa estar presente.

Cabe à pessoa divorciada decidir fazer ou não essas coisas, e essa decisão afetará os seus futuros relacionamentos. Tudo dependerá da disposição da pessoa divorciada para assumir a responsabilidade do seu papel no insucesso do casamento. Ficar paralisado na autodepreciação e no ódio por si mesmo pode ser uma maneira de evitar qualquer possibilidade de crescimento ou entendimento sobre o casamento fracassado. Ficar bloqueado na autocomiseração e no ódio por si mesmo faz com que o indivíduo se torne muito egocêntrico, e o impede de fazer as mudanças necessárias na vida.

Algumas pessoas se envolvem em ligações superficiais e emocionais, ou casamentos de curta duração, depois do divórcio. Trata-se de pessoas extremamente carentes que se tornam destrutivamente dependentes, e nunca chegam a lidar com quem realmente são ou com o que lhes aconteceu. Outras, que não lidam com o evento emocional doloroso que é o divórcio, tornam-se amargas, coléricas ou vingativas. Espalham seu descontentamento no mundo ao redor e culpam os outros por sua infelicidade. São pessoas feridas que se recusam a olhar com sinceridade para si mesmas e para o seu casamento fracassado, de modo que permanecem incapazes de manter relacionamentos saudáveis. As pessoas divorciadas podem ajudar seu processo de cura fazendo exercícios físicos, desenvolvendo novos interesses ou diversificando seus contatos sociais. Todos precisam escolher o mecanismo que melhor os ajudará a passar pelo processo do divórcio.

A experiência do Êxodo do divórcio trouxe, para muitos, uma terra prometida, na qual podem voltar a atuar de uma maneira saudável. Significou que eles se tornaram pessoas que apreciam sua própria individualidade, bem como a dádiva que são. Alguns encontraram independência e autoconfiança, que lhes permitiram assumir a responsabilidade pela sua vida como nunca tinham feito antes. Tudo isso foi conquistado por meio da dissolução de um relacionamento que não era vivificante. Se não fosse o divórcio, será que algumas pessoas teriam mudado?

O perdão é um fator primordial para determinar se uma pessoa divorciada está curada. Ela precisa perdoar o ex-cônjuge, a fim de ser capaz de se libertar da raiva, da mágoa e de todos os outros sentimentos e memórias dolorosos. Perdoar não significa esquecer. Não significa fazer vista grossa à má conduta do ex-cônjuge ou absolvê-lo de uma maneira casual. Não implica na reconciliação ou em aceitar o outro de volta. Não significa que o ex-cônjuge precise tomar conhecimento do perdão. No entanto, significa deixar de pensar em todas as coisas que foram resolvidas e processadas, colocá-las nas mãos de Deus e seguir em frente. Se alguém optar por chafurdar na mágoa e na raiva, estará representando o papel de vítima. Ela está mergulhada na autocomiseração.

OUTRAS PESSOAS TAMBÉM SOFREM

Lembramos a nós mesmos que o divórcio afeta muitas pessoas e, na realidade, toda a sociedade. Os mais afetados são os filhos do casamento abalado, pois uma família abalada também está envolvida. Os pais hesitam em deixar um casamento abalado por causa do efeito que a separação causará nos filhos, ao mesmo tempo em que ficam ansiosos e preocupados com relação ao efeito que estão tendo sobre os filhos ao permanecer em um "mau" casamento. Toda a família se torna disfuncional. Esse é um assunto angustiante para muitas pessoas que estão pensando em se divorciar. Ele as assedia de tal maneira que, com frequência, elas demoram a dar entrada no pedido de divórcio. "O que é melhor para as crianças?", perguntam elas. O aconselhamento pode ajudá-las um pouco a tomar a decisão final. Não existe uma resposta fácil. O problema requer muita reflexão, orações, discernimento e ajuda de pessoas sensatas.

Os pais precisam conversar com os filhos de acordo com a idade deles, comunicando-lhes o que precisam saber a respeito da situação do casamento. Isso ajudará a aliviar parte da ansiedade e do medo das crianças, eliminando qualquer culpa ou vergonha que elas possam sentir por achar que são a causa do divórcio. Elas compreenderão que os pais as amam e cuidarão delas, e que elas poderão ver o pai e a mãe depois do divórcio.

Os filhos precisam poder conversar com os pais, ou pelo menos com uma pessoa de confiança, a respeito do que está acontecendo. Precisam poder expressar medo, tristeza, raiva e outros sentimentos. Os pais nunca devem achar que o silêncio dos filhos é um sinal de que estão conseguindo lidar com o rompimento. Na realidade, é mais provável que o oposto seja verdadeiro: o silêncio significa que estão evitando lidar com a dolorosa situação. Às vezes, os pais desejam acreditar que o divórcio não está incomodando os filhos, quando, na verdade, estes estão dominados por medo, ansiedade, mágoa e raiva. Ao mesmo tempo, os filhos podem ter receio de expressar seus sentimentos ou podem expressá-los de uma maneira rebelde, em casa ou na escola.

Os filhos adultos de pais que se divorciam, sejam casados ou solteiros, também têm dificuldades quando os pais se separam depois de trinta ou quarenta anos de casamento.

Existe a tendência de desconsiderar os filhos adultos das pessoas que se divorciam, como se eles fossem imunes ao que está acontecendo aos seus pais. Pelo contrário, eles sofrem muito com o divórcio dos pais. Um divórcio tardio é emocionalmente perturbador para os filhos adultos e para a família destes. Eles podem ter idade suficiente para compreender o que está acontecendo e por quê, mas isso não ajuda muito. Podem ficar arrasados e serem invadidos por sentimentos ambivalentes com relação aos pais. O divórcio destes causa múltiplos problemas, especialmente durante os feriados festivos e as comemorações em família.

Muitas outras questões podem afetar os filhos adultos de várias maneiras. Eles começarão a analisar não apenas a história da família, como também sua própria vida e seus relacionamentos. Sejam quais forem as questões, os filhos serão beneficiados se falarem a respeito do que aconteceu exatamente à sua família e ao casamento dos pais, trazendo à tona todos os seus sentimentos com relação ao assunto.

A boa notícia é que, quando os pais ficam curados depois do rompimento, com o tempo os filhos também ficam curados e se adaptam. À medida que os pais vão ficando curados, vão se tornando mais capazes de se concentrar nos filhos e ajudá-los. Esse é um fenômeno que observei com frequência enquanto aconselhava pais divorciados, preocupados com o bem-estar dos filhos. Quando tranquilizamos os pais durante o aconselhamento, dizendo-lhes que, à medida que forem ficando curados, sua cura será benéfica para os filhos, eles recebem a esperança e o apoio de que necessitam e, frequentemente, ficam motivados a dar continuidade ao processo do aconselhamento.

Às vezes, converso com os filhos de pais divorciados por causa dos seus próprios problemas ou porque os pais me pedem que eu me encontre com eles. De um modo geral, a não ser que os filhos tenham graves problemas emocionais, eles parecem espelhar a atitude dos pais. Quando estes ficam bloqueados no processo de recuperação, o mesmo acontece com os filhos, que podem extravasar o que estão sentindo ou ficar extremamente passivos. Quando os pais deixam de procurar ajuda e estragam ainda mais a própria vida, as consequências tornam-se bem visíveis no comportamento instável dos filhos.

Nesses assuntos, estamos em geral nos referindo a quem fica com a custódia dos filhos e com quem estes moram na maior parte do tempo. Na maioria das vezes, a mãe fica com a custódia, e as mulheres são amiúde mais abertas a fazer aconselhamento do que os homens. Não estou dizendo que muitos pais não seguiram também esse mesmo caminho, realizando um trabalho maravilhoso, mas, geralmente, quem fica com a custódia é mãe. É comum o pai começar a paparicar os filhos, passando a sair para almoçar e jantar com eles, e a distraí-los nos fins de semana. Ele deixa de ser um pai genuíno. Com frequência, os homens também se envolvem com outra mulher e se casam logo, o que aumenta os problemas dos filhos.

As pessoas divorciadas não são proscritos da comunidade cristã.

A mãe precisa lidar com essas novas peculiaridades que afetam tanto a ela quanto aos filhos. A maneira como ela lida com os seus sentimentos e o que ela diz sobre o pai afetarão a maneira como os filhos se comportam com ele. Esses fatores podem agravar e complicar seus problemas com os filhos, mas, repetindo, quanto mais ela conseguir lidar com sua desordem emocional, mais será capaz de enfrentar o que está acontecendo de uma forma madura e, por conseguinte, ser uma influência positiva para os filhos. A verdade, por mais difícil que possa ser para ela e para os filhos, será o fator de libertação e de cura nessa situação.

É comum o pai divorciado ter o seu tipo especial de sofrimento, especialmente quando a mãe zangada e frustrada usa os filhos para retaliar. Os filhos ficam imprensados entre os pais, o que agrava a sua confusão emocional. Eles se tornam um meio pelo qual a mãe tenta manipular, controlar e punir o pai. Na realidade, quando a mãe tem essa atitude, ela está cometendo abuso emocional não apenas contra o pai, mas também contra os filhos.

Estes sofrem imensamente sempre que um dos pais difama o outro. Os filhos sempre terão uma reação adversa e deixarão de respeitar a mãe ou o pai difamador. Poderão até mesmo se tornar abertamente hostis ou agir de uma maneira passivo-agressiva diante do pai ou da mãe que age de uma forma tão irresponsável e imatura.

Os pais podem admitir com franqueza certos defeitos e fraquezas do outro quando os filhos se queixam deles. O importante é não ser mal-intencionado ao falar sobre o outro, e sim admitir que é assim que o papai ou a mamãe é. É aceitável perguntar aos filhos: como você se sente com relação a esse comportamento? Às vezes, eles precisam ser encorajados a falar com o pai ou a mãe, o que exibe o comportamento a respeito de como se sentem e do que pensam sobre esse comportamento inaceitável.

A mãe ou o pai divorciado sempre precisa encorajar os filhos a fazer o melhor que podem com relação ao outro, por mais difícil que este possa ser às vezes. Quer os filhos tenham êxito, quer não, pelo menos, o pai ou a mãe que os encorajou poderá ficar convencido de que tentou fazer o melhor possível. O pai ou a mãe não será um obstáculo para o relacionamento dos filhos com o outro, mas ajudará os filhos a lidar de uma maneira sensata com a pessoa difícil. Os filhos passam a compreender que se trata do seu pai ou da sua mãe com todos os seus defeitos, e que precisam fazer o melhor possível com relação a ele ou ela, de uma maneira sincera e madura.

OS CRISTÃOS E O DIVÓRCIO

Devido às suas lembranças do fato de a Igreja condenar anteriormente o divórcio, muitos católicos ainda têm dificuldade em admitir a necessidade do divórcio. Os cristãos se lembram de que as Sagradas Escrituras dizem que não devemos nos divorciar. Na realidade, tanto a Bíblia quanto Jesus se manifestaram contra o divórcio, o que aumenta mais ainda a culpa e a vergonha dessas pessoas. No entanto, embora eles tenham falhado no casamento e precisem descobrir as razões do fracasso, não são más pessoas. São pessoas que estão sofrendo, como o homem na história do Bom Samaritano, que estava ferido e precisando de ajuda.

As pessoas divorciadas não são proscritos da comunidade cristã. Não estão fora da Igreja nem excomungadas. Elas podem e devem receber a comunhão.

São pessoas feridas que estão sofrendo e *precisam* da comunhão. São elas que mais necessitam desse alimento espiritual! A comunhão se destina a pessoas que se encontram em uma jornada de recuperação e que estão se debatendo com as dificuldades da vida. Sem dúvida, essa é uma imensa mudança na atitude da Igreja, mas que está mais de acordo com a mentalidade de Cristo, que é compassivo, misericordioso e ama todo o seu povo.

9.

A PERDA DE UM ENTE QUERIDO

As duas circunstâncias mais importantes na nossa vida são o nascimento e a morte. O nascimento de uma criança é celebrado com grande alegria e regozijo. Comemoramos esse dia memorável celebrando todos os anos o aniversário da pessoa. A morte de uma pessoa que amamos é recebida com tristeza, mas também com um sentimento de celebração quando relembramos a vida dela. Damos graças a Deus por quem ela foi. Às vezes, nos lembramos de celebrar o dia da morte dessa pessoa visitando seu túmulo todos os anos ou por meio de uma cerimônia religiosa. Ao recordar, damos seguimento a nosso relacionamento com a pessoa amada.

No Prefácio da Missa da Ressurreição, celebrada para uma pessoa morta, lemos o seguinte: "A vida muda, não termina". Assim como a vida da pessoa muda, nosso relacionamento com a pessoa que amamos também se modifica, mas não termina. Chorar a perda das pessoas que amamos significa dar seguimento ao nosso relacionamento com elas. No entanto, como esse sofrimento é doloroso, as pessoas tendem a evitar, abreviar ou passar rapidamente por esse período de lamentação. Nenhum relacionamento com a pessoa falecida pode ser completado ou curado se não lamentarmos sua perda. Se amávamos a pessoa, precisamos chorar por sua perda porque isso faz parte da vida e de sentirmos um amor genuíno por outra pessoa. Se podemos vivenciar as alegrias da vida, também podemos experimentar a tristeza. Vida e morte são uma miscelânea de alegria e tristeza.

A morte de uma pessoa amada é um dos momentos mais estressantes que temos de suportar. Como todo estresse, este só será resolvido se o enfrentarmos e nos esforçarmos para resolvê-lo. A morte de um ente querido é uma realidade dura e irreversível que nos obriga a ajustar, adaptar e mudar nossa vida. Depois de um falecimento, não retomamos normalmente a vida do dia a dia. Uma pessoa muito querida não está mais conosco.

Sofrer uma perda é uma jornada humana e, ao mesmo tempo, espiritual. A fé não leva embora as nossas lágrimas. Não existem atalhos nesse processo. Não podemos racionalizar, negar ou fingir que a pessoa que amamos não morreu. Não podemos minimizar a perda por meio de declarações pietistas que se concentram estritamente no céu, excluindo o sofrimento humano. Não podemos usar a fé para encobrir a realidade da dor da perda.

John, que se viu de repente viúvo, está perplexo porque realmente acredita que sua mulher está em segurança com Deus e que a verá novamente um dia; por que, então, ele está triste e chorando? Por que ele se sente tão sozinho e zangado por causa da morte dela? John está vivenciando os pensamentos e sentimentos normais da dor da perda.

Por mais que tenhamos aprendido a respeito da nossa natureza humana ao longo dos séculos, sempre teremos dificuldade em aceitar a morte daqueles que amamos. Na realidade, no mundo ocidental, provavelmente regredimos na área desse tipo de sofrimento devido a nossas tentativas de suavizar ou abreviar o processo de assimilação da dor.

AS EXÉQUIAS

É desalentador perceber que o mundo ocidental está se tornando menos ritualista, que está perdendo as suas tradições e costumes, e avançando em direção a exéquias mais reduzidas. Às vezes, mal existe qualquer ritual. A tendência no ocidente parece ser a seguinte: "Vamos acabar com isso o mais rápido possível e dar seguimento à vida". Às vezes, essa atitude é exemplificada pela maneira como o cortejo fúnebre, depois do enterro, sai correndo do cemitério com incrível rapidez. As pessoas parecem não conseguir esperar para comer e beber alguma coisa, inclusive álcool.* A constrangedora realidade da morte é abrandada, re-

* Nos Estados Unidos e em outros países, comida e bebida também são servidas durante o velório. (N. da trad.)

fletida nas nossas tentativas de mitigar o aspecto duro, porém real, da morte, por mais doloroso que ele seja. A dignidade da pessoa falecida não merece uma recordação importante? E a necessidade de os sobreviventes lamentarem a perda da pessoa querida?

Também são dignas de nota, hoje em dia, as visitas cada vez menos frequentes feitas ao cemitério para prestar homenagem à pessoa que morreu. A conservação do túmulo é, com frequência, contratada com o cemitério ou totalmente deixada de lado. Quando estive na Itália há alguns anos, fiquei impressionado ao ver os cemitérios apinhados de gente nas tardes de domingo, com famílias reunidas em um piquenique ao lado do túmulo de uma pessoa amada. Foi comovente perceber que essas pessoas se lembravam dos seus entes queridos, que ainda faziam parte de suas vidas. O piquenique era uma celebração em família, uma reunião. Quanto mais celebramos a morte, mais celebramos e apreciamos a vida. Quando os mortos não recebem o devido respeito, o respeito pela vida em si fica comprometido.

É bem verdade que algumas pessoas que estão enterradas nos cemitérios perderam o respeito da família e dos amigos devido ao comportamento nocivo que tiveram para com eles. No entanto, uma visita que a família, os amigos e as vítimas façam ao túmulo será uma experiência saudável. A visita oferece ao sobrevivente a oportunidade de ficar curado. Ele pode resolver algumas mágoas por meio de um diálogo imaginário com o morto a respeito do seu comportamento anterior inaceitável, e por intermédio da recordação de antigas lembranças, tanto tristes quanto alegres.

O VELÓRIO

O velório é psicologicamente muito importante para a família da pessoa que morreu. Não precisa ser longo, mas é fundamental que as pessoas que estão sofrendo a perda vejam pela última vez a pessoa que amavam. Olhar para a pessoa morta nos dá a oportunidade de enfrentar a realidade que ela partiu e, portanto, eliminar qualquer sentimento de negação ao qual possamos estar nos entregando. Isso também torna acessível para nós o processo de lamentar a perda do ente querido. Lágrimas correm pelo nosso rosto, lembranças voltam à memória, os presentes compartilham histórias a respeito do falecido. Ouvem-se choro e riso, as pessoas se abraçam, e o apoio dos amigos nos conforta.

Muitos sentem que um velório longo é desnecessário. Alguns se queixam de que os velórios ficam muito parecidos com um espetáculo teatral ou que neles prevalece uma atmosfera de circo.* Devemos sempre ter em mente o que é apropriado e respeitoso, tratando tanto aqueles que estão sofrendo a perda quanto a pessoa morta com um sentimento de dignidade. Uma das maneiras de garantir exéquias e ceri-

* Nos Estados Unidos e em outros países, após o enterro, parentes e amigos se reúnem na casa de um dos membros da família da pessoa falecida, onde são servidas comida e bebidas. (N. da trad.)

mônias religiosas apropriadas e dignas é fazer com que a família se reúna de antemão para preparar os ritos e as cerimônias.

Quando "celebramos" a morte de uma pessoa, narramos a história da vida delas, o impacto que tiveram na nossa vida, tenha sido ele bom ou mau. Quanto mais apreciamos a dádiva da vida, mais lamentamos o seu término. O fato de "celebrarmos" a morte de alguém não significa que eliminamos ou desconsideramos o período de sofrimento que temos à frente, mas adquirimos a força e a confiança necessárias para percorrer a jornada através do sombrio vale da dor da perda.

A PERDA DO CÔNJUGE OU DE UM FILHO

A morte de um cônjuge querido é um dos períodos mais estressantes da vida de uma pessoa. Adaptar-nos a essa perda requer numerosos ajustes. Todos os dias, de múltiplas e variadas maneiras, lembramo-nos de quão ligados e dependentes éramos da pessoa que se foi. A cada dia, outra questão, outro problema faz o cônjuge sobrevivente se lembrar de que a outra pessoa não está mais presente – a vida está diferente. As pessoas que estão chorando a perda de entes queridos precisam ser tranquilizadas com a informação de que sua dor durará um longo tempo. O processo de aceitação e cura que se segue à morte de um ente querido é mais demorado para algumas pessoas do que para outras. Sempre sentiremos saudades do outro, mas fazemos ajustes e seguimos em frente.

Pais que perderam filhos ainda crianças, adolescentes ou jovens adultos, nunca se esquecem de que perderam os filhos. Recuperar-se dessa perda é, para muitos, uma jornada que dura a vida inteira. Coisas que nos fazem lembrar que a pessoa está ausente acontecem a toda hora. Aceitar a perda não significa que não existirão consequências e uma combinação de memórias que durarão a vida inteira, mas, mesmo assim, tentamos dar continuidade à vida. Essas são reflexões importantes que tranquilizam as pessoas que acham que há algo errado com elas devido aos frequentes pensamentos e sentimentos tristes relacionados ao ente querido que partiu. Mas alguma coisa talvez esteja errada se nos esquecermos completamente da pessoa amada, que era tão importante para nós.

Às vezes, as pessoas que lidam com uma perda muito grave caem em profunda depressão e precisam de medicamentos e aconselhamento. Na realidade, mesmo depois que se recuperam da depressão, a tristeza continua a fazer parte da sua vida. No entanto, a tristeza pode ser uma emoção saudável. Ela reflete o sentimento da perda. O aconselhamento ajuda as pessoas que estão sofrendo essa dor a retomarem seu caminho para poder dar seguimento à vida, mas recordações da pessoa que se foi voltarão de tempos em tempos.

Os amigos representam um apoio importante durante o período da perda. Com frequência, numerosos amigos nos procuram para nos amparar e dar os pêsames, para estar ao nosso lado, chorar conosco e compartilhar lembranças e histórias sobre a pessoa falecida. Com o tempo, a maioria desses amigos precisará continuar com a vida deles. Alguns permanecerão para nos confortar e escutar. Outros nos veem voltar ao trabalho e à rotina do dia a dia, muitas vezes acham que os membros da família estão "passando bem" e parecem ter se recuperado da perda da mãe. De fato, é verdade: o marido voltou a trabalhar, os filhos estão indo à escola; no entanto, todos os envolvidos podem estar sentindo uma profunda dor emocional, enquanto tentam fazer ajustes cotidianos para lidar com a ausência da mãe e esposa.

Às vezes, amigos que, no início, foram muito solidários começam a se sentir pouco à vontade quando as pessoas que sofreram a perda continuam a expressar sua dor e a necessidade de falar sobre aquele que se foi. Não é incomum que esses amigos comecem a se afastar de nós. Outros podem fazer declarações inadequadas: "Procure se controlar. Você precisa continuar com a sua vida. Já chorou o que tinha de chorar. Seus filhos precisam que você seja forte. Você tem de começar a namorar de novo". Essas pessoas são bem intencionadas, mas estão sendo completamente insensíveis ao estado mental e aos sentimentos da pessoa que está sofrendo. Têm, em geral, ideias errôneas a respeito da dor da perda, de modo que não estão preparados para responder de maneira adequada às necessidades da pessoa que está sofrendo.

É comum a pessoa que sofreu a perda começar a achar que há algo errado com ela porque, meses depois, ainda está sofrendo pela morte de um ente querido. Na realidade, há algo errado com aqueles que não permitem que a pessoa chore plena e completamente a sua perda. Essas pessoas são bem intencionadas, mas não compreendem o processo da dor da perda. Podem ter dificuldade em lidar com seus próprios sentimentos, de modo que não sabem escutar e sentir empatia pela dor dos outros. A morte de um ente querido é um denominador comum para todos nós. Trata-se de um aspecto normal, porém doloroso, da vida. Com frequência, o aconselhamento é necessário quando as pessoas não estão conseguindo lidar com a vida do dia a dia, e também quando elas estão deprimidas porque não estão trabalhando seus sentimentos, minimizaram-nos ou não estão em contato com eles.

Lembro-me de ter compartilhado com um amigo a profunda tristeza e dor que eu estava sentindo devido à perda de outro amigo muito chegado. Fui recebido com silêncio e fui embora cabisbaixo. Às vezes, as pessoas com quem você compartilha sua dor estão emocionalmente imobilizadas e não têm nenhuma reação. Estão em choque. Parecem insensíveis, mas, na realidade, estão sem saber como agir ou o que dizer, de modo que se recolhem ao silêncio. Por mais verdadeiro que isso possa ser, o silêncio do meu amigo me deixou ferido, zangado e desapontado com sua insensibilidade. Daquele momento em diante, passei a ser mais cauteloso com relação às pessoas com quem eu dividia a dor da minha perda. Se as pessoas não sabem sentir essa dor, não conseguem se identificar com outros que a estão sentindo.

Os amigos frequentemente não se dão conta de que a dor da perda de entes queridos pode durar um longo tempo. Quando pessoas que estão sofrendo com a perda de alguém percebem que o seu sistema de apoio está desaparecendo, elas começam a ocultar a dor. Ou seja, a permissão para que se lamentassem publicamente foi retirada, de modo que guardam a dor para si ou conversam cautelosamente com alguém em quem confiam. Algumas procuram um grupo de apoio específico para esses casos ou o aconselhamento, onde a dor é aceita. Esse tipo de grupo nas nossas igrejas representa, provavelmente, o serviço mais importante que qualquer comunidade pode oferecer. Dão às pessoas permissão para externar sua dor. Precisamos tranquilizar constantemente os outros, garantindo-lhe que seu sofrimento é perfeitamente aceitável.

Enfrentar a realidade da morte de um ente querido é um constante reconhecimento de que ele não está mais presente, especialmente no caso de uma morte repentina e inesperada. Quando acordamos pela manhã e, às vezes, ao longo do dia, a realidade da perda volta a nos golpear repetidamente, "como um ladrão à noite".* O reconhecimento dessa dura realidade é difícil, mas nos mantém mental e espiritualmente sadios e no caminho de um sofrimento saudável. Abre caminho através de qualquer negação ou fingimento que pos-

* A frase é usada algumas vezes na Bíblia, como em Ap 3,3 e 2Pd 3,10. (N. da trad.)

sa ter se introduzido no nosso processo de assimilação da dor da perda. Assim como Deus nos chama para enfrentar nossa perda, ele também caminha ao nosso lado, de modo que compreendemos cada vez mais que a dor da perda é uma jornada espiritual. Passamos a conhecer muito melhor a nós mesmos, ao morto e a Deus. De fato, nos reunimos a outras pessoas; no entanto, no devido tempo, estaremos sozinhos, frente a frente com Deus – um momento de intimidade espiritual.

A DOR SAUDÁVEL DA PERDA

A dor da perda, quando saudável, é emocionalmente expressiva e nos ajuda a transpor a tristeza e outros sentimentos que acompanham essa dor. A tristeza é uma emoção positiva; reflete nosso amor e ligação com a pessoa que morreu. Vários níveis e graus de tristeza podem durar um longo tempo, mas as pessoas podem se manter ativas, dar seguimento à vida do dia a dia, mesmo quando estão tristes. Elas não ficam indefesas ou desesperançadas.

Quando as pessoas ficam bloqueadas no processo de assimilação da dor da perda e não conseguem seguir em frente, com frequência, estão aprisionadas na raiva. Tempo e esforço podem ser necessários para resolvê-la. Pode significar conversar com outras pessoas ou buscar ajuda profissional. As pessoas também precisam examinar seus padrões de pensamento e seu sistema de crenças, os quais podem ser negativos ou neuróticos: “Não consigo viver sem minha mulher”.

"Nunca serei nada sem ele." "Não tenho forças para prosseguir sozinho." "Deus está me punindo." É preciso evitar esses e outros pensamentos negativos, caso contrário, causarão mais sofrimento, mais raiva e continuarão a realimentar sentimentos dolorosos e difíceis. Convicções negativas e errôneas podem ser contestadas e modificadas, mas os sentimentos podem demorar mais tempo para serem curados. A maneira correta de pensar nos ajuda a curar sentimentos feridos, em vez de agravá-los.

Quem chora uma perda fica amiúde impressionado com a quantidade de questões não resolvidas e memórias esquecidas que vêm à tona quando um ente querido morre. Algumas dessas lembranças podem estar relacionadas, de uma ou outra maneira, com a pessoa falecida, mas outras podem não ter ligação nenhuma. A dor da perda tem um jeito de trazer à tona os inúmeros aspectos dolorosos e incompletos da nossa vida, até mesmo aqueles que julgávamos estar impecavelmente embrulhados e guardados. Pode também nos fazer lembrar de ocasiões felizes e alegres, bem como dos múltiplos aspectos do nosso relacionamento com a pessoa que faleceu, que evocam gratidão e satisfação.

A dor da perda é um processo que envolve sentimentos, de modo que precisamos dar a nós mesmos permissão para sentir qualquer emoção, e não tolerar que a culpa e a vergonha não saudáveis nos impeçam de reconhecer esses sentimentos. Eles são difíceis e dolorosos, mas, se os processarmos, acabarão curados. É isso que John Gray nos diz no excelente livro *If we can feel it, we can heal it.** O que acontece com frequência quando um ente querido morre é que as pessoas enterram seus sentimentos junto com o corpo. Quando isso acontece, a dor da perda nunca é resolvida porque os sentimentos relacionados a ela foram enterrados. Esses sentimentos não resolvidos podem se manifestar de várias maneiras destrutivas – física, emocional e espiritualmente. Os relacionamentos também sofrerão. O enterro não é o final da dor; é apenas o começo.

Existe uma diferença entre tristeza e depressão. A tristeza é o sentimento da dor da perda. Uma pessoa que amávamos partiu, mas, mesmo assim, permanecemos ativos e damos seguimos ao dia a dia. A depressão envolve ser esmagado pela perda, ficar indefeso, incapaz de se manter em atividade e desprovido de esperança. E todos esses sentimentos são enterrados, especialmente a raiva. O sobrevivente fica entorpecido e pode até mesmo contrair uma doença física. Frequentemente, a depressão das pessoas que estão sofrendo a dor de uma perda é agravada pela existência de questões não resolvidas na sua vida, bem como por conflitos não resolvidos com a pessoa falecida; conflitos que precisam ser abordados mesmo agora.

* Publicado no Brasil pela Editora Rocco com o título *O que você sente pode ser curado.* (N. da trad.)

A dor da perda, quando saudável, é emocionalmente expressiva.

É comum ouvirmos pessoas perguntando: "Como aqueles pais lidaram com a morte da filha adolescente?". E a resposta que podemos ouvir é a seguinte: "Eles foram muito fortes. Não derramaram uma única lágrima. Lembre-se de que temos de ser fortes diante dos filhos". A tradução disso é a seguinte: "Não chore nem demonstre nenhuma emoção dolorosa". Também podemos ouvir pessoas bem-intencionadas dizerem: "Não chore. Eles estão melhores agora porque estão com Deus". Essa é uma declaração pseudoespiritual destinada a bloquear a dor da perda. Esse tipo de declaração contraria o significado da dor da perda e a condição humana.

As casas funerárias podem ser um lugar no qual comentários insensíveis proliferam. Já ouvi até mesmo membros do clero dizendo os mais diversos tipos de clichês espirituais e banalidades para famílias que estavam de luto, mas nenhuma migalha de compaixão e sentimento humano comum deixou seus lábios. A família que está de luto se sente grata pela visita do padre, mas estou certo de que as declarações irrelevantes e impessoais deste não as ajudaram a lamentar a dor.

A OCULTAÇÃO DA DOR DA PERDA

Pessoas que escondem a dor que estão sentindo não estão demonstrando força, e sim fraqueza ou medo de sofrer. Elas têm medo das dificuldades e dos sentimentos perturbadores. Temem que possam perder o controle e ficar envergonhadas. No entanto, o processo de assimilação da dor da perda envolve, em parte, permitir-nos viver esses sentimentos perturbadores. Às vezes, ouvimos declarações de negação e rejeição com relação à dor da perda. "Papai não gostaria que chorássemos, e sim que ficássemos felizes e nos lembrássemos dos bons momentos que tivemos juntos." E o que dizer sobre aquele que faz a eulogia e conta uma piada e uma história engraçada depois da outra, a respeito do falecido, a fim de distrair os seus ouvintes – e ele mesmo – da dor da perda?

Os que são emocionalmente fortes se permitem sentir e expressar os seus sentimentos.

Jesus nos deixa um exemplo belo e, ao mesmo tempo, vigoroso do que significa ser humano e espiritual. João escreve a respeito da reação de Jesus à perda do seu amigo Lázaro: "Jesus chorou" (João 11,35). William Barclay diz o seguinte no seu comentário sobre esse texto: "Nos é mostrada a imagem de Jesus atormentado pela angústia enquanto compartilhava a angústia do coração humano". Os que são emocionalmente fortes se permitem sentir e expressar seus sentimentos. Nossos sentimentos de culpa, raiva e arrependimento podem nem sempre ser lógicos, mas são nossos sentimentos. Não são maus. Precisamos reconhecê-los, senti-los e compreendê-los. Esses sentimentos podem estar radicados em experiências do passado ou proceder de um modo de pensar negativo, que precisamos corrigir. Pense nos pais que ficam furiosos com um médico que afirmam ter diagnosticado errado a doença de seu filho e, por causa disso, a criança morreu. Talvez outros pais estejam zangados com Deus, acreditando que Ele os está punindo por causa de um aborto anterior. Há ainda a filha que se sente culpada por não estar presente quando a mãe morreu, mas não por culpa sua; também lamenta não ter feito mais pela mãe quando esta estava viva, o que pode ou não ser verdade. Esses são os inúmeros pensamentos e sentimentos que a dor da perda requer que vivenciemos, investiguemos e expliquemos a nós mesmos e aos outros. Permissão para sentir também significa ser capaz de sentir raiva de Deus, da pessoa que morreu e de qualquer outra pessoa de quem precisemos sentir raiva.

A morte de um ente querido nos deixa com muitas pendências: contas a pagar, dívidas acumuladas, empreendimentos comerciais não concluídos ou negligenciados, planos e metas irrealizados. Todas essas questões podem aprofundar e agravar a dor da perda. O mais difícil é enfrentar assuntos e conflitos não resolvidos num relacionamento, porque eles tornam o processo da dor ainda mais complicado. As mágoas, a raiva e os desapontamentos que vivenciamos com a pessoa falecida permanecem conosco e ainda reclamam nossa atenção. No entanto, os mortos são as pessoas mais fáceis de lidar e se relacionar, por não terem mais nenhum problema conosco e verem tudo com clareza. Não guardam ressentimentos e são bastante cordatos. Podemos resolver tudo com eles; podemos dizer o que queremos e expressar tudo o que sentimos a respeito deles, especialmente a raiva.

Recomendo, com frequência, que as pessoas que estão sofrendo a dor da perda de um ente querido vão ao cemitério e discutam com os entes queridos que se foram. Ponham tudo para fora! Os mortos não se colocarão na defensiva! Talvez não tenhamos sido capazes ou não estivemos dispostos a nos comunicar com os mortos quando eles estavam vivos, mas podemos fazer isso depois que eles morrem, especialmente quando se trata de pais complicados ou outras pessoas com quem tínhamos diferenças irreconciliáveis. Precisamos fazer isso em nosso benefício. Tudo faz parte do processo da dor da perda. Às vezes, escrever uma carta para o morto é proveitoso. Conversar com a pessoa falecida em um lugar que encerrava significado para vocês dois também pode ser útil. Minha experiência é que as pessoas que estão sofrendo a dor da perda podem resolver suas mágoas e sua raiva dessa maneira com mais rapidez e facilidade do que podiam quando a pessoa estava viva.

Nosso relacionamento com os entes queridos falecidos não terminou, ele mudou. Podemos solicitar a ajuda deles e pedir que rezem por nós. Eles podem nos apoiar bastante na morte, às vezes muito mais do que nos apoiavam em vida.

O EFEITO PROPAGADOR

Às vezes, a dor da perda é intensificada por um efeito propagador, por outras perdas que são consequência e estão relacionadas à morte da pessoa querida. A perda do cônjuge pode significar perda de ajuda financeira, da companhia, da intimidade sexual e emocional, de oportunidades e possibilidades futuras, esperanças e sonhos que nunca serão realizados. Quem sofre pode ter dificuldade em admitir esses efeitos secundários, às vezes por vergonha ou por achar que não deveria estar se sentindo dessa maneira. Não raro, tem medo de ficar zangado com o falecido. Isso tudo faz parte da dor da perda. Cada perda precisa ser reconhecida, e os sentimentos e arrependimentos têm de ser vivenciados.

A dor pode ser agravada quando, por exemplo, o marido de uma mulher morre após um casamento de trinta anos, e, ao mesmo tempo, a mãe dela está sofrendo de câncer terminal. A viúva está prestes a perder o emprego, a bateria do carro descarrega, e o filho está sendo reprovado em várias matérias no último ano da faculdade. Uma perda depois da outra amplifica a perda original do marido, com quem ela fica ainda mais zangada e frustrada por ele não ter cuidado melhor da própria saúde. Ela está sozinha, sem a ajuda dele, e por isso está zangada com ele. Ela se lamenta: "Será que um dia conseguirei superar tudo isto?". A resposta é sim, se ela quiser ficar curada, mas isso exigirá tempo e muito sofrimento.

Ela terá de viver um dia de cada vez e lidar com uma perda de cada vez, de preferência aquela que é mais importante em um dia específico. Precisará descobrir qual a perda que precisa lamentar mais. Com frequência, quando uma mulher está oprimida por várias perdas, a principal, a do marido, pode ser marginalizada. Existem tantas perdas imediatas com as quais ela precisa lidar. Muitas destas podem, às vezes, ser intensificadas porque o marido não está presente para ajudá-la. A dor da perda não é necessariamente um pacote agradável e elegante, mas, sempre que vem à tona, é preciso lidar com ela.

A morte repentina de um pai que gozava de boa saúde deixa os membros da família confusos e em estado de choque. Eles precisam providenciar rapidamente o enterro. Alternam entre a descrença e as reviravoltas emocionais, entre as lágrimas e o riso, entre o nervosismo e o entorpecimento. Em meio às atividades que se seguem ao enterro e à confusão, a séria jornada da dor da perda poderá não ter lugar durante dias, semanas ou até mesmo meses, até que, finalmente, a chocante realidade da morte de um ente querido se manifesta. Entretanto, a dor da perda terá início, a não ser que as pessoas enterrem as emoções a fim de seguir adiante com a vida.

O falecimento de uma mãe que sofria de uma doença terminal e morreu aos poucos faz com que a família sofra por um longo tempo. Quando ela morre, os membros da família estão, em certa medida, preparados para o seu falecimento. Eles já estavam sofrendo, mas agora existe a terrível realidade final: ela se foi. Eles nunca mais a verão na terra. A longa jornada de cuidar dela foi concluída. Ela está morta.

Embora esse tipo de morte aflija as pessoas que a amavam, elas já estavam sofrendo a sua perda inevitável. Podem sentir uma desconfortável ambivalência – tristeza com a perda da mãe, porém alívio pelo fato de ela não estar mais sofrendo. Sentem-se aliviados porque sua longa e cansativa vigília terminou. Esses sentimentos de alívio são normais. Não há por que se entregar a sentimentos prejudiciais de culpa ou vergonha, nem de se sentir desleal devido à sensação de alívio.

DECISÕES

Se possível, as pessoas que estão sofrendo a dor da perda precisam evitar tomar decisões importantes pouco depois da morte de uma pessoa querida, especialmente nos primeiros dias que se seguem à perda. Com demasiada frequência, essas decisões não se baseiam na razão, e sim em um impulso que tem lugar na dolorosa confusão da dor. Uma mulher idosa, por exemplo, vende a casa em que reside, um mês depois da morte do marido, e vai morar com a família da filha. A preocupação dos filhos com a possibilidade da mãe morar sozinha faz com que eles a pressionem para que se mude. O fato de essa ter sido ou não a melhor decisão para a mãe e a filha levará tempo para ser determinado e envolve uma longa conversa com a família. Mudar rápido demais e agir impulsivamente, ou em função da ansiedade, não raro, significam que decisões erradas estão sendo tomadas.

Também vemos maridos que ainda estão sofrendo com a perda da esposa se casarem um ano, ou até meses, depois da morte dela, porque não conseguem ficar sozinhos. Com frequência, nesse segundo casamento prematuro, a forma de o marido lidar com a dor da perda é uma fuga do sofrimento. Esse segundo casamento amiúde se revela problemático. Com o tempo, o homem pode ficar deprimido, fisicamente doente ou ter problemas sexuais no casamento. Ele não estava pronto para se casar de novo porque não tinha completado, ou mesmo iniciado, o processo da dor da perda da primeira esposa.

Se há filhos do casamento anterior, estes podem ficar magoados ou ressentidos com o pai, especialmente se já forem adultos. Como ainda estão sofrendo a morte da mãe, eles consideram o comportamento do pai insensível para com eles e desleal para com a mãe. Eles ficam ressentidos ou até mesmo adotam um comportamento hostil com relação à nova mulher do pai. Os filhos provavelmente não entendem que a maneira de o pai lidar com a dor é escapar para um outro casamento. Com o tempo, os filhos sentirão uma dupla perda: a morte da mãe e a perda do pai para outra mulher. Com frequência, a família será destroçada devido a esse comportamento.

Quando um viúvo que está sofrendo de solidão ou procurando por alguém que cuide dele física e emocionalmente se casa pouco depois da morte do cônjuge, temos que questionar a prudência desse casamento. Nesses casos, as pessoas precisam agir com cautela, se aconselhar com terceiros ou, possivelmente, procurar o aconselhamento.

DIFERENTES MANEIRAS DE SOFRER A DOR DA PERDA

Os seres humanos sofrem de maneiras diferentes, mas algumas são saudáveis, enquanto outras, não. Alguns começam a sofrer de imediato e avançam suavemente pelo processo. Outros têm uma reação retardada que pode se manifestar mais tarde na forma de depressão ou outro tipo de doença. O sofrimento retardado pode ser desencadeado meses depois do enterro por alguma circunstância relacionada à pessoa falecida ou a uma lembrança esquecida. No entanto, uma verdade permanece: não podemos evitar a dor da perda. Ela permanece sempre presente até que a enfrentemos, vivenciemos e resolvamos.

Os membros de uma família se relacionarão na ocasião da morte de um membro da família da mesma maneira como se relacionam usualmente. Se o silêncio é seu padrão habitual de relacionamento, então a dor será enfrentada da mesma maneira: em silêncio. Se o relacionamento da família é conflituoso, a morte do pai ou da mãe fará vir à tona conflitos e disputas não resolvidos, junto à raiva resultante. As cláusulas do testamento, com frequência, apresentam uma área para conflitos, alegações de injustiça e acusações. Na realidade, às vezes, as discussões em torno dos bens materiais dos pais são uma maneira pela qual as pessoas desviam a atenção da verdadeira questão da dor da perda. Algumas famílias são especialistas em lidar com assuntos familiares de uma forma intelectual, sem deixar que os sentimentos interfiram no processo. Quando é esse o caso, essa também é a maneira pela qual lidarão com a morte de um membro da família: "Mamãe está agora em paz e feliz ao lado do Senhor. Vamos, portanto, comer, beber e nos divertir, porque amanhã morreremos".

As famílias disfuncionais enfrentarão sua dor de uma maneira disfuncional, o que, frequentemente, significa não lidar com ela. Alguns membros dessas famílias serão sensatos se procurarem o aconselhamento como um meio de finalmente lidar com as questões familiares não resolvidas, desencadeadas pelo falecimento do pai ou da mãe. Às vezes, a morte de um destes pode ser uma graça que reúne os membros de uma família e os deixa curados. Ou pode representar a ocasião na qual a família se separa ainda mais, e seus membros seguem caminhos separados, o que acrescenta outra perda à perda do pai ou da mãe. A morte nas famílias, especialmente a morte do pai ou da mãe, por si só encerra significado e poder enormes. Com frequência, um dos filhos casados se divorcia depois do falecimento do pai ou da mãe. A morte, frequentemente, traz à tona muitas das fraquezas da família, entre elas problemas não resolvidos.

A RECONCILIAÇÃO

Quando os entes queridos que nos magoaram estão morrendo, esse período pode ser uma ocasião de reconciliação. Talvez tenhamos ofendido a pessoa que está morrendo e precisemos nos desculpar, algo que provavelmente temos que fazer mais por nós mesmos do que por aquele que está doente.

O período que antecede a morte pode ser um momento repleto de graça, quando barreiras entre pessoas podem ser derrubadas. O entendimento e a compaixão se tornam mais fáceis, e o perdão e a reconciliação se tornam possíveis nas últimas horas de vida da pessoa agonizante. Divergências que pareciam monumentais no passado de repente se mostram insignificantes na presença da morte. Eis um exemplo: Joan está afastada do irmão mais velho, Tom, que está à morte. Ela decide visitá-lo. Eles não se falam desde o falecimento da mãe, que ocorreu há dez anos, devido a uma divergência com relação ao testamento da mãe, quando Joan achou que Tom foi injusto com ela. Joan conversa sobre o assunto com Tom, que está morrendo, perdoa-o e se reconcilia com ele.

Às vezes, os relacionamentos abalados só podem ser curados depois da morte de uma das partes, quando chegamos à conclusão de que as pessoas mortas não têm mais problemas. Elas enxergam tudo com clareza. Com frequência, no caso de uma pessoa que sofreu abuso sexual, esta se sente mais segura agora que o perpetrador do abuso está morto, como a filha que foi sexualmente molestada pelo pai e só é capaz de perdoá-lo depois que ele morre.

Em muitos casos, um novo nível de intimidade surge entre uma pessoa e um ente querido que está morrendo. A esposa que está cuidando há meses do marido, que está sofrendo de uma doença terminal, pode sentir um grau de proximidade com ele que nunca sentiu ao longo dos trinta anos do casamento. O marido, finalmente, no seu estado física e emocionalmente enfraquecido, é capaz de baixar a guarda e expressar o amor e o carinho que sente pela esposa. Muito pode ser realizado quando as pessoas estão morrendo. Essa ocasião pode se tornar um momento altamente emocional de compartilhamento em um nível mais profundo, jamais antes experimentado.

Não existe provavelmente uma imagem mais bela do que um relacionamento íntimo no qual os cônjuges caminham juntos nos seus últimos dias, quando um deles está morrendo e o outro está presente para confortá-lo, consolá-lo e cuidar dele enquanto ambos continuam a viver de acordo com os votos que fizeram de ficarem juntos "na saúde e na doença, na alegria e na tristeza, na riqueza ou na pobreza, até que a morte nos separe". Essa é uma bela conclusão para uma jornada íntima conjunta na terra.

A NOSSA MORTALIDADE

Um dos aspectos da dor da perda comumente não expressado é o fato de que o falecimento de uma pessoa importante para nós, especialmente um contemporâneo, não raro desencadeia pensamentos e sentimentos a respeito da inevitabilidade da nossa morte. Nós nos vemos frente a frente com nossa própria mortalidade na pessoa que está morrendo. Podemos reprimir o assunto ou evitar pensar nele, conforme o caso, mas precisamos deixar que esses pensamentos e sentimentos venham à tona. É um momento em que devemos dar valor à dádiva da vida, de cuidar dessa vida. Podemos ser motivados a efetuar mudanças na nossa vida; pode ser uma ocasião de conversão. É um momento em que podemos voltar para Deus ou fortalecer o nosso relacionamento com ele.

Enquanto escrevo estas palavras, um bom amigo meu está morrendo de um tipo agressivo de câncer que surgiu de repente. Os médicos haviam lhe dado seis meses de vida, mas agora disseram que só lhe restam algumas semanas. Para mim, é difícil acreditar no que está acontecendo, e estou repleto de tristeza e de outros sentimentos com os quais estou tentando lidar. Como ele é contemporâneo meu, sua morte está causando um impacto ainda maior em mim, pois me vejo diante da minha própria mortalidade. Como a vida é efêmera e frágil! Estou enfrentando minha ansiedade com relação à morte enquanto sofro pelo Padre Joe. Neste momento, tenho muitos sentimentos, perguntas e questões de fé, mas sei que quanto mais sofremos a perda dos nossos amigos e entes queridos, mais bem preparados estaremos para a nossa própria morte, a perda final.

Gradualmente, depois de um certo tempo, pessoas que sofrem a dor da perda passam a alimentar um sentimento de aceitação e determinação. Há uma sensação de conclusão e entrega. Sempre sentiremos saudades da pessoa falecida e carregaremos conosco pelo resto da vida as suas lembranças. De certa maneira, ficamos curados, mas as cicatrizes permanecem. Alguém está ausente. A vida mudou e nunca mais será a mesma. Os feriados festivos e outras comemorações sempre nos farão lembrar que a pessoa querida não está mais conosco. Nós nos lembramos do aniversário dela e do dia em que ela morreu, eventos significativos na história da pessoa. Em um certo sentido, estamos sempre nos recuperando e sofrendo a perda da pessoa, mas seguimos em frente.

Quanto tempo deve transcorrer antes que a pessoa pense em se casar de novo depois da morte do cônjuge? Esse tempo varia de pessoa para pessoa, mas de três a cinco anos parece ser um período apropriado. Em geral, ao longo desse mesmo intervalo de tempo, os filhos do primeiro casamento também terão ficado curados. Sua cura costuma acompanhar a cura do pai ou da mãe sobrevivente. Quando este está seriamente pensando em se casar novamente, é aconselhável que converse a respeito com os filhos.

À medida que os anos vão passando, as pessoas derramarão uma lágrima ou dirão alguma coisa triste a respeito da pessoa falecida em diferentes ocasiões, quando lembranças desta vierem à tona. Isso é normal. Certamente, não significa que deixamos de sofrer adequadamente a nossa perda. Se amamos durante muitos anos a pessoa que faleceu, parte integrante de nossa vida, sempre nos lembraremos dela. A vida de quem faleceu não terminou, apenas mudou. Uma prática sugerida é acender uma vela em memória da pessoa querida quando refeições especiais em família são compartilhadas. É uma lembrança amorosa e confortadora da presença invisível dela entre nós.

Se a pessoa que sofreu a perda tiver reprimido a dor, certas ocasiões poderão trazer à tona sentimentos contidos por um longo tempo. Aconselhei muitas pessoas que estavam no enterro de um conhecido casual e que, de repente, foram dominadas por uma dor desproporcional ao seu relacionamento com a pessoa falecida. O que ocorreu foi que esse enterro foi um momento de graça, ou um catalisador, que fez vir à tona sentimentos reprimidos de dor por outras pessoas próximas, cuja perda elas não haviam sofrido adequadamente. Outros dirão que passaram pelo processo de dor da perda de entes queridos na família, mas descobrem, anos mais tarde, que o fizeram apenas com a cabeça, mas não com o coração. Essa dor talvez nem sempre seja reconhecida, mas, quando é, precisamos da ajuda de pessoas perspicazes, capazes de nos ajudar a identificar os sinais da dor não resolvida, e precisamos de coragem para enfrentar esse sofrimento.

COMO LIDAR COM OS QUE ESTÃO DE LUTO

E nos momentos em que estamos presentes quando pessoas estão sofrendo profundamente a perda de alguém, o que podemos dizer ou fazer? A ocasião em que nos aproximamos de pessoas que estão sofrendo, cujas lágrimas e feridas estão expostas, é perturbadora e repleta de ansiedade.

Na realidade, não há muito que *possamos* dizer ou fazer, além de estar ao lado dos que estão de luto. Podemos ser um sacramento de presença genuína quando ouvimos e deixamos que as pessoas que estão sofrendo digam e sintam qualquer coisa que desejem. Nossa presença lhes dará permissão para esperar e sofrer, rir e chorar, praguejar, suplicar, sentir raiva ou amor. Precisamos escutar, permanecer em contato com elas e ficar à vontade com o que estiverem sentindo. Não podemos proferir palavras mágicas e nem dar respostas que possam trazer a pessoa falecida de volta. Talvez mais tarde possamos conversar com calma, de uma maneira razoável, com a pessoa que está de luto, consolá-la e confortá-la. No entanto, por agora, basta a nossa presença calorosa e envolvente. Nossos sentimentos e nossa fé são do que elas precisam. Precisamos conceder a elas espaço e todo o tempo de que precisarem para sofrer a dor da perda. Dessa maneira, derramamos o azeite e o vinho do conforto e do consolo sobre suas feridas.

À medida que dias e semanas forem passando, devemos continuar em contato com elas por meio de visitas, telefonemas, bilhetes ocasionais, ou de qualquer outra maneira que se faça necessária para demonstrar que estamos pensando nelas, que nos importamos com elas e que podem contar conosco. Não devemos nunca subestimar o poder compassivo de estarmos presentes para aqueles que estão sofrendo a dor de uma perda – quando os visitamos, ou quando comparecemos a velórios, cerimônias fúnebres e enterros. Nossa presença tem poder de cura.

A morte é um aspecto constante da vida e, depois do nascimento, o evento mais importante da vida de uma pessoa. A dor da perda, portanto, é uma parte essencial da vida. Quanto mais sofremos essa dor, mais humanos e cristãos nos tornamos. A dor da perda nos obriga a ter mais fé e esperança, nos desafia a contemplar a vida que vem depois. É por esse motivo que não se trata apenas de uma jornada humana repleta de emoções, e sim de uma jornada espiritual. É a evidência, uma vez mais, de que toda a espiritualidade está radicada na nossa capacidade de sentir, de mergulhar em todos os aspectos da condição humana, na qual encontramos Deus. Não é essa a história da encarnação, quando Jesus se tornou humano como nós? Onde mais na vida, a não ser quando sofremos a perda de alguém, somos conduzidos às profundezas da nossa condição humana, sensibilizados pelas mais profundas emoções e colocados frente a frente com o significado da vida?

PÓS-ESCRITO

Enquanto eu escrevia este capítulo, minha mãe, Viola, na ocasião com noventa e oito anos de idade, ficou debilitada depois de sofrer de insuficiência cardíaca congestiva. Ela precisou ser internada em uma instituição, na qual passou a receber cuidados constantes de enfermagem e a respirar com a ajuda de um balão de oxigênio. Pouco a pouco vim a aceitar, com muita dificuldade, a inevitabilidade da sua morte próxima. Ao entender isso, nós, da família, começamos a nos preparar para o seu falecimento e para nossas despedidas. Minha mãe também tinha consciência de que estava prestes a morrer, e estava preparada para partir.

Quando ela faleceu, mais ou menos um mês depois de ter sido internada na instituição, comecei a sentir o que vinha escrevendo a respeito da dor da perda. Por mais que eu tenha sentido a morte de outras pessoas queridas, sofrido ao lado de muitas e confortado e consolado aqueles que estavam sofrendo, agora era a minha hora de sofrer por alguém especial: a minha mãe.

Muitas pessoas reagiram à morte dela com ternura, compaixão e carinho. Fiquei profundamente emocionado e pude sentir o consolo de Deus vindo delas. Nunca me esquecerei da presença dessas pessoas na minha vida no momento dessa perda. Embora amigos e entes queridos tenham participado comigo dessa jornada, ainda há a parte pessoal da dor, os momentos em que eu preciso falar com minha mãe a respeito da vida dela, com todas as suas alegrias e tristezas. Ela ainda está ao meu lado; ela me ajuda e me conforta.

Não existem atalhos no processo da dor da perda. A única linha de ação é o conselho que dou aos outros: "Enfrente e percorra com firmeza a jornada da dor da perda".

10.

MEDO E ANSIEDADE

A ansiedade e o medo são aspectos da vida. Se estivermos vivos, nós os experimentaremos. Se negarmos o fato de que sentimos medo ou ansiedade, não estaremos sendo sinceros. Os únicos que não têm esses sentimentos são os mortos, motivo pelo qual podemos verdadeiramente dizer o seguinte a seu respeito: "Que descansem em paz".

O medo e a ansiedade não são a mesma coisa. O medo é um sentimento doloroso de alerta com relação a alguma dificuldade que acreditamos estar prestes a se abater sobre nós. A ansiedade envolve sentimentos dolorosos e prolongados de angústia que nos corroem frente a um mal iminente ou antevisto, real ou imaginário. No entanto, para todos os efeitos práticos, a linguagem coloquial usa o medo e a ansiedade de forma intercambiável, como faremos neste capítulo.

Antes de nos aprofundarmos nos aspectos problemáticos do medo e da ansiedade, creio que vale a pena mencionar que nem todo medo ou ansiedade envolve uma experiência negativa; eles também podem encerrar um significado positivo. É a maneira como usamos esses sentimentos, como permitimos que eles afetem nossa vida ou o modo como os percebemos que os torna negativos ou positivos.

O medo e a ansiedade podem ser nossos amigos. Eles podem nos avisar de perigos iminentes, ajudando-nos, portanto, a permanecer alertas, cautelosos e a tomar medidas apropriadas para proteger-nos e evitarmos ser prejudicados de várias maneiras, entre elas física, emocional e financeiramente. O medo e a ansiedade fornecem energia, a qual pode ser usada positivamente para preservarmos o que possuímos e também para nos protegermos, e podem nos levar a tomar medidas positivas, em vez de ficarmos passivos em face das dificuldades.

Com frequência, o medo e a ansiedade causam em nós uma reação física ou psicológica. Nossos músculos se contraem. O fluxo de adrenalina se intensifica. Ficamos mais concentrados. Começamos a pensar com clareza. Estamos prontos para lutar ou enfrentar o perigo imediato ou, se necessário, fugir.

O orador que está prestes a subir ao palco e enfrentar uma grande audiência, não raro, sente ansiedade. Esse sentimento pode ser usado para estimular o orador a ficar animado, motivado, confiante e convencido do valor da sua palestra. O motorista localizado atrás de outro que está embriagado, costurando o trânsito, usa a ansiedade para ficar alerta e evitar a todo custo se aproximar desse carro, seja ultrapassando-o, ficando para trás ou, até mesmo, seguindo em outra direção. A pessoa que é abordada por um colega de trabalho infeliz e agressivo pode optar por usar a ansiedade para ajudá-la a se manifestar e ser firme com o colega agressivo, ou para pedir licença educadamente e se afastar. Nesses casos, a ansiedade e o medo são usados como estimulantes proveitosos de proteção que nos ajudam a lidar com situações ameaçadoras. As emoções nos conferem energia, de modo que o medo e a ansiedade podem ser utilizados de uma maneira construtiva. Eles podem aumentar a autoconfiança da pessoa para que ela pense com clareza e aja de uma maneira rápida e eficaz.

A ansiedade e o medo se tornam negativos quando são destrutivos para o nosso relacionamento com nós mesmos e com os outros. Quando esses sentimentos se tornam esmagadores, a ponto de controlar nossos comportamentos e pensamentos, o raciocínio pode se tornar deturpado e nos levar a tomar decisões insatisfatórias ou erradas. Podemos agir de um modo hesitante ou impulsivo, ou simplesmente deixar de agir; ficamos passivos ou paralisados. Decidimos nada fazer, quando o certo seria fazer alguma coisa.

Quando a ansiedade se apossa de nós, ela faz com que deixemos de ter confiança em nós mesmos e no nosso julgamento. A autoestima diminui e nos sentimos culpados, quando não deveríamos nos sentir assim, ou sentimos vergonha por achar que alguma coisa está errada conosco, quando isso não é verdade. Nós nos sentimos inseguros com relação à nossa capacidade de executar tarefas comuns que anteriormente estávamos executando bem. Às vezes, podemos agir de um modo irresponsável, evitando uma incumbência devido ao medo de falhar ou do que os outros poderão pensar. Ou podemos executar uma tarefa de uma maneira inadequada por causa do nosso nervosismo, ou supercompensar, investindo mais tempo e energia nela do que necessário. Podemos decair no perfeccionismo por duvidar de nós mesmos e temer que iremos cometer um erro ao executar uma tarefa. Os perfeccionistas, não raro, procrastinam porque ficam paralisados pelo medo, e depois se sentem impotentes devido ao medo de fracassar.

É comum as pessoas não reconhecerem o medo e a ansiedade que sentem. Elas podem negar esses sentimentos, reprimi-los ou se desligar deles. Os sentimentos podem se manifestar em problemas físicos, como pressão alta, visão turva, dor de cabeça, cansaço, dificuldade de engolir ou respirar, cólicas estomacais ou rigidez nos membros. Chamamos esses problemas de psicossomáticos porque, embora envolvam uma dor genuína e outros sintomas físicos, são na realidade causados pela ansiedade de quem os está sofrendo. Outras pessoas acreditam ter os mais diversos tipos de doenças imaginárias; elas são consideradas hipocondríacas. Interiorizaram seu medo e ansiedade, que não reconhecem ou com os quais não querem lidar.

É comum as pessoas não reconhecerem o medo e a ansiedade que sentem.

Outras pessoas expressam a ansiedade por meio de um comportamento compulsivo, repetindo constantemente as mesmas ações e palavras. Outras podem sofrer de um modo de pensar compulsivo, o que envolve pensamentos que estão sempre preocupando sua mente. Às vezes, esses pensamentos compulsivos contêm um componente religioso, como quando a pessoa fica obcecada pelo pecado onde não existe nenhum pecado, ou com o fato de ser uma pessoa pecaminosa. Chamamos essa doença torturante de escrupulosidade. Outras ainda sentem uma angustiante ansiedade, nervosismo e preocupação a respeito de todas as coisas ocorridas no passado, que acontecem no presente ou que possam ter lugar no futuro. Às vezes, a ansiedade das pessoas se torna tão grave que elas têm ataques de pânico, nos quais têm dificuldade para respirar, ficam tontas ou têm a impressão de que vão desmaiar.

Todos conhecemos pessoas que sofrem de fobia, que é uma ansiedade mórbida absorvente a respeito de uma coisa ou ação particular. Elas podem ter um medo excessivo de elevadores, de altura, de pássaros e assim por diante. Mas o problema não são as fobias; estas são sintomas de traumas profundos não resolvidos, resultantes de experiências passadas. As pessoas fóbicas não processaram a dor, a mágoa, a raiva e o medo que experimentaram em um momento trágico da vida; na realidade, elas reprimiram esses sentimentos. Algumas pessoas que sofrem de depressão profunda, ansiedade elevada e outros problemas psicológicos amiúde são vítimas de um distúrbio de estresse pós-traumático. Elas não lidaram com alguns traumas do passado, deixando-os sem solução, e eles começam a se manifestar explicitamente, tanto física quanto emocionalmente. Elas precisam investigar a sua vida e lidar com o medo, a raiva, a mágoa, o abuso, as perdas e os traumas que não foram tratados e que ainda as afligem. As pessoas precisam compreender sua ansiedade e seu medo e desenterrá-los, enfrentá-los e neutralizá-los a fim de se libertar do controle destrutivo desses sentimentos.

As pessoas ansiosas não apenas se sentem inseguras com relação a si mesmas como também, não raro, podem desconfiar dos outros. Às vezes a ansiedade e a depressão são tão graves que as pessoas exibem indícios de paranoia, ou então sofrem de ilusões e alucinações. Além disso, quando as pessoas se preocupam em excesso com seus males físicos, a ansiedade agrava as doenças. Além dos problemas físicos, os médicos precisam tratar a ansiedade e a depressão, doenças das quais eles, não raro, se descuram. Somente depois de tratá-las é que o médico pode concluir a cura do paciente.

Em situações como as que acabo de descrever, aconselhamento e medicamentos podem se fazer necessários. Os remédios tratarão do desequilíbrio químico ocorrido no cérebro devido ao enorme estresse causado pela ansiedade. Nessas situações, a ansiedade, assim como a depressão, é uma doença que pode ser tratada com os medicamentos eficazes e sofisticados que temos atualmente. Assim como tratamos as doenças do corpo com remédios a fim de promover a cura, hoje também compreendemos que podemos tratar as doenças do cérebro, como a ansiedade e a depressão graves, com medicamentos eficazes. Essas são boas notícias. As más notícias são que muitas pessoas, até mesmo as instruídas, interpretam erroneamente esses medicamentos e estão mal informadas a respeito deles.

A ansiedade também pode se manifestar por meio de um modo de pensar negativo. Os pensamentos negativos alimentam sentimentos ansiosos, os quais, por sua vez, reforçam os pensamentos negativos. É um ciclo vicioso. As pessoas precisam, primeiro, romper o ciclo, alterando o modo de pensar negativo. Frequentemente, digo a elas, antes que deixem meu consultório, que elas podem mudar esse modo de pensar negativo naquele exato momento, mas os sentimentos de ansiedade levam um longo tempo para desaparecer.

As pessoas precisam repetir continuamente para si mesmas declarações positivas e verdadeiras até que o modo de pensar positivo assuma o comando. Por exemplo, "Eu posso dizer o que eu penso para essa pessoa irritante". "Vou atravessar de carro esta ponte elevada." "Sou uma pessoa capaz e terei sucesso no meu novo emprego." Devemos repetir, ao longo do dia, essas e muitas outras declarações positivas, mesmo que não estejamos nos *sentindo* positivos. Com o tempo, *alimentaremos* sentimentos positivos a respeito de nós mesmos. Falar dessa maneira não significa ser hipócrita, e sim verídicos com nós mesmos.

Os sentimentos de ansiedade nunca desaparecem completamente, mas não precisam ser um aspecto destrutivo e controlador da nossa vida – podem ser atenuados. Todos sentimos ansiedade, mas podemos aprender a lidar com ela para que não controle a nossa vida. À medida que desenvolvermos a autoconfiança, esta neutralizará o modo de pensar negativo.

A ANSIEDADE NOS RELACIONAMENTOS

A ansiedade e o medo afetam os nossos relacionamentos, especialmente os mais próximos. Ficamos, às vezes, tão absorvidos pelo medo e pela ansiedade que nem mesmo nos damos conta do quanto nos tornamos egocêntricos. Mal conseguimos nos concentrar nas preocupações das outras pessoas e ficamos insensíveis às necessidades, à ansiedade e às mágoas delas. Não prestamos atenção ao que estão dizendo nem reparamos no que pode estar acontecendo em suas vidas. Distanciamo-nos emocionalmente das pessoas que nos cercam. O outro sente-se então negligenciado e desprezado, e fica compreensivelmente zangado e magoado. O relacionamento se torna uma via de mão única porque a pessoa que está dominada pelo medo fica alheia ao mundo e às pessoas à sua volta.

Alguns cônjuges ficam tão ansiosos por não terem certeza se o outro os ama que se tornam submissos ou obcecados por agradá-lo. Estão prontos para concordar com qualquer coisa e fazer o que o outro cônjuge deseja a fim de serem aceitos e amados. Ou o oposto pode ser verdade: uma das pessoas fica tão ansiosa com relação a ser amada pela outra que tenta ser controladora e exigente. Esse controle não tem nada a ver com ser forte ou carinhoso, sendo outra forma de insegurança.

A ansiedade também pode ser contagiante. A ansiedade de um dos cônjuges pode levar o outro a acabar ficando extremamente ansioso. Ou então o oposto pode acontecer: um dos cônjuges se torna distante, indiferente e insensível para se proteger e evitar ser esmagado pela ansiedade do outro; nesse caso, ele pode se sentir impotente e inadequado para ajudar o parceiro. O homem, com frequência, acha que precisa corrigir alguma coisa na mulher e, quando não consegue, se sente inadequado. Como a esposa sente que o marido está sendo insensível e não a está ajudando, ela poderá projetar raiva e ressentimento e, além disso, se afastar emocional e sexualmente dele. Tudo isso pode fazer com que o homem se sinta culpado e com vergonha de si mesmo, ficando convencido de que é um marido inadequado.

A ansiedade pode se manifestar por meio de um modo de pensar negativo.

O marido precisa dar um salto de fé em si mesmo, apesar da ansiedade da esposa, caso contrário, será engolido por essa ansiedade. Ele precisa lidar com a ansiedade da mulher sem se deixar influenciar por ela, assumir a responsabilidade por si mesmo e transcender sua própria ansiedade e culpa, para fazer o que puder para melhorar o casamento. Ele pode fazer isso sendo mais autoconfiante, estando mais presente para a esposa, apoiando-a mais e sendo mais sensível com relação a ela. A confrontação e a compaixão são igualmente importantes em um relacionamento amoroso, porque ambas expressam sensibilidade e interesse.

A ansiedade pode assumir muitas formas em um relacionamento. Podem dizer respeito ao relacionamento do casal, dificuldades sexuais, problemas com os filhos, preocupações financeiras, problemas de saúde, cuidados com pais idosos ou outros tipos de estresses que afetam as famílias hoje em dia. O compartilhamento aberto e franco sobre esses tipos de ansiedade e medo fortalecerá a confiança que os cônjuges têm um no outro.

Frequentemente, a ansiedade é a causa de problemas sexuais no casamento. Nosso entendimento da sexualidade e das relações sexuais foi ampliado por novas pesquisas e mais informações do que jamais tivemos antes. Essas informações não apenas aprimoraram as relações conjugais como também eliminaram grande parte da ignorância e dos equívocos a respeito delas. O mundo da medicina desenvolveu novos medicamentos eficazes, que não apenas tratam da disfunção sexual, como também melhoram o desempenho. Apesar de todos esses avanços maravilhosos, a ansiedade, mesmo assim, pode desempenhar um papel importante nas relações sexuais. Os cônjuges precisam lidar juntos com essa ansiedade, esteja ela presente em apenas um deles ou em ambos. Cada um precisa ser sensível ao outro e procurar entendê-lo.

A ansiedade no casamento pode refletir ressentimentos com relação ao outro ou, até mesmo, a um dos pais. Pode haver mágoas, raiva, abuso ou traumas não resolvidos do passado. A ignorância sexual, o medo da gravidez, sentimentos de inadequação, baixa autoestima, culpa, vergonha e vários outros problemas psicológicos também podem ser a origem da ansiedade no casamento. Expectativas irrealistas sobre o desempenho sexual, sobre o tamanho dos órgãos genitais ou dos seios ou sobre a imagem do corpo podem causar ansiedade, a qual, por sua vez, sabotará o funcionamento e a satisfação sexual. Essa ansiedade pode ser resolvida, mas somente se for abordada. A nossa sexualidade é uma parte integral e sensível da nossa condição humana. Como ela é extremamente delicada, até mesmo uma quantidade mínima de ansiedade pode perturbar nossa tranquilidade sexual.

Em qualquer relacionamento importante, as pessoas precisam reconhecer a ansiedade com relação a questões e problemas pelos quais estão passando, conversar a respeito desse medo e dessa ansiedade, ouvir a descrição da ansiedade feita pelo cônjuge e compartilhar seus sentimentos a respeito dela. Isso os ajudará a administrar e regular a ansiedade, evitando que ela fuja ao controle e superando-a. Assim sendo, os cônjuges podem utilizar a energia da ansiedade de uma maneira construtiva, em vez de destrutiva, a qual paralisa o casal e intensifica os problemas.

MANEIRAS DE ENFRENTAR A SITUAÇÃO

Existem vários passos que podem nos ajudar a lidar com medo e ansiedade.

1. *Conscientização.* É importante estarmos conscientes nos momentos em que estivermos sentindo medo e ansiedade tanto no corpo quanto nos pensamentos. A negação, o fingimento, agir com uma falsa ousadia, culpar os outros ou minimizar a presença da ansiedade não a faz ir embora. Ela se manifestará como tensão, estresse ou irritabilidade, ou poderá causar problemas físicos.

2. *Aceitação.* Compreender que sentimos medo e ansiedade nos torna realistas, o que nos permite fazer alguma coisa a respeito desses sentimentos. Por conseguinte, precisamos aceitar o medo e a ansiedade que sentimos, compreendendo que eles são e farão parte da nossa vida. Não fiquemos surpresos com a

presença desses sentimentos. Até mesmo Jesus teve de lidar com o medo e a ansiedade.

3. *Lidar com a nossa ansiedade.* Fazemos isso conversando a respeito dela com alguém, para poder compreender melhor o que estamos sentindo. Devemos discutir todos os sentimentos relacionados com a nossa ansiedade para poder neutralizá-la e enfraquecer o poder que ela tem sobre nós. Se eu tenho medo do caroço que tenho no ombro, o fato de eu me preocupar com ele só fará com que eu me sinta mais ansioso; preciso procurar um médico. Pode não ser nada ou pode ser grave, mas, certamente, pode ser tratado. Independentemente de qual seja o seu medo, sinta-o e faça o que tiver de ser feito. Como Susan Jeffers diz no livro *Feel the fear and do it anyway*:

> Os discípulos de Jesus estavam se escondendo atrás de portas fechadas por sentirem medo. Jesus passa por essas portas fechadas. Precisamos "passar" pelo nosso medo, e não deixar que ele nos mantenha afastados da vida. Precisamos enfrentar as pessoas e as situações que tememos. Nós nos sentiremos melhor e mais confiantes com relação a nós mesmos depois que fizermos isso. Ficamos fortalecidos e decididos. Precisamos nos defender, caso contrário, deixaremos que outros controlem a nossa vida por intermédio do nosso medo. Sempre nos sentiremos melhor com relação a nós mesmos, mesmo que não nos saiamos vitoriosos na discussão ou não consigamos convencer a outra pessoa. Sentiremos mais respeito por nós mesmos, e os outros sentirão o mesmo.

4. *Analisar o nosso medo e ansiedade.* De onde vieram esses sentimentos? Nós nos tornamos ansiosos por morar com pais ansiosos em um lar ansioso? Talvez não fôssemos amados, acariciados, apoiados ou apreciados. Talvez fôssemos desprezados, negligenciados ou excessivamente criticados. Sofremos algum trauma, tragédia ou abuso? Independentemente de qual possa ter sido a causa da ansiedade, é preciso trazer essa causa à tona, lidar com ela e falar a seu respeito.

O aconselhamento pode nos ajudar muito a trazer à tona e resolver esses aspectos dolorosos do passado que estão gerando uma parte muito grande da nossa ansiedade. Às vezes, teremos que tomar medicamentos por ter herdado um desequilíbrio químico do nosso pai, da nossa mãe ou de ambos. Em outras ocasiões, o estresse opressivo da vida, por ser excessivo, além de causar ansiedade, provoca também um desequilíbrio químico no cérebro. Podemos nos ajudar não apenas procurando o aconselhamento, mas também por meio de uma medicação eficaz. A ajuda está disponível. Não é necessário passar essas doenças de geração em geração; podemos deixar o passado para trás.

Minimizar a presença da ansiedade não a faz ir embora.

Uma coisa é certa: teremos que aprender a reconhecer e conviver com a ansiedade, deixá-la para trás e não permitir que ela controle a nossa vida. Jesus disse algo semelhante quando declarou: "Se alguém vier até mim sem deixar de lado sua mãe e seu pai, esposa e filhos, irmãos e irmãs, e, até mesmo, a sua própria vida, não poderá ser meu discípulo" (Lucas 14,26). Ele está nos desafiando a deixar o passado para trás. Não devemos culpar nossos pais. Eles fizeram o melhor que sabiam fazer. Não tinham as informações e habilidades que hoje temos disponíveis.

Minimizar a presença da ansiedade não faz com que ela vá embora.

5. *Viver no momento presente.* Essa é uma das maneiras mais eficientes de manter a nossa ansiedade sob controle.

6. *Aliviar a ansiedade.* Podemos fazer isso deixando de pensar nela. Depois de aceitar e lidar com o medo e a ansiedade, não podemos permitir que subsistam dentro de nós, caso contrário, se tornarão destrutivos para nós e para os nossos relacionamentos. Precisamos parar de pensar no assunto, seguir em frente e confiar em nós mesmos.

"O que aconteceu ontem é passado. O amanhã não está aqui. Hoje é o presente e, por este motivo, dizemos que ele é uma dádiva." Demasiadas pessoas multiplicam e aumentam sua ansiedade, vivendo no passado com todos os seus arrependimentos, inseguranças, culpa e decisões questionáveis, com coisas que elas acham que deveriam ter feito ou deixado de fazer – com todos os "e se" e possibilidades que nunca abordaram. Continuam a carregar essa ansiedade ao longo da vida, o que não apenas a contamina com nervosismo e preocupações, como também a complica.

O amanhã não está aqui, mas algumas pessoas se preocupam com o que acontecerá ou deixará de acontecer amanhã. Essa preocupação não é apenas uma preparação normal para os acontecimentos futuros, e sim uma obsessão por evitar qualquer possibilidade de erro. Elas pensam e falam compulsivamente a respeito do amanhã, da semana seguinte ou do ano seguinte. Anteveem o pior, suas ideias se tornam uma série interminável de "e se?". O medo e a ansiedade aumentam, sorvendo sua autoconfiança e energia, abalando sua capacidade de raciocínio e discernimento, e tornando-as susceptíveis de cometer possíveis erros por estarem tão tensas.

A preocupação com eventos futuros pode causar confusão, nervosismo, irritabilidade e uma percepção deficiente da realidade. Essas pessoas sempre exageram as situações e as fazem parecer piores do que são. Pesquisas demonstram que quase oitenta por cento das nossas preocupações nunca se concretizam e, quando isso acontece, geralmente, não ocorrem do jeito que imaginamos. Além disso, as expectativas irrealistas deixam as pessoas propensas a sentir ainda mais medo, ansiedade e desapontamento.

Concentrar-nos no momento presente não apenas nos ajuda a agradecer a Deus por este dia, como também a compreender que a vontade de Deus está diante de nós no que temos que fazer, como mandar as crianças para a escola, lidar com problemas no trabalho, cooperar com pessoas complicadas e comparecer à consulta médica na hora marcada. Nós nos motivamos a fazer o melhor que podemos neste dia. (Alguns dias serão melhores do que outros!) Nós nos incentivamos com pensamentos de autoconfiança e autoafirmação, e contamos com o apoio dos nossos amigos.

Mas podemos desenvolver outras habilidades ao lidar com nossa ansiedade: enfrentar a nós mesmos, fazer uma pausa, recuperar a serenidade, ser compassivos, entender e perdoar a nós mesmos, caminhar à guisa de exercício. Precisamos encontrar maneiras de relaxar nosso corpo, que está tenso. Precisamos manter realistas as nossas expectativas a respeito dos outros, de nós mesmos e das situações; conhecer nossas limitações, ser rigorosos com os limites que impomos ao tempo que passamos pensando a respeito de uma questão, manter um ponto de vista saudável e equilibrado a respeito dos problemas; ser gratos pelas coisas boas da nossa vida e reduzir a energia emocional que manifestamos; e, finalmente, consultar um médico se a ansiedade estiver nos esmagando física e emocionalmente.

A ANSIEDADE RELIGIOSA

Vou falar um pouco sobre a ansiedade que surge quando pensamos da maneira errada a respeito da religião. Essa ansiedade é extremamente nociva para uma fé saudável em Deus porque abala nossa paz de espírito, a qual se espera que a religião promova. Essa ansiedade nos distancia do nosso relacionamento com Deus e tolhe nosso desenvolvimento espiritual. Ela agrava outras emoções ansiosas, como, por exemplo, a depressão.

A ansiedade religiosa surge, em primeiro lugar, de uma imagem negativa e temerosa de Deus; segundo, da obsessão pelo pecado; e, em terceiro lugar, da enorme quantidade de equívocos e interpretações errôneas tanto da mensagem cristã quanto dos ensinamentos da Igreja. Tudo isso propaga a ansiedade religiosa. Uma solução para trazer alívio para essa ansiedade é a educação religiosa maciça, difundida e relevante para os adultos, a qual remove as pessoas de um conhecimento da fé que lhes foi transmitido quando estavam na oitava série e as ajuda a pensar com mais clareza a respeito da sua religião. Isso tem o potencial de livrar os adultos da ansiedade religiosa, possibilitando que eles alcancem a maturidade religiosa e desenvolvam uma consciência bem-informada.

Os cristãos também podem eliminar a ansiedade religiosa ao acreditar num Deus amoroso, misericordioso e clemente como Jesus ensinou. Eles precisam parar de enxergar o pecado mortal aqui, ali e em toda parte. Na realidade, o pecado existe, mas precisamos desenvolver uma noção mais autêntica e equilibrada dele. O pecado a que Jesus se refere nos evangelhos diz respeito aos relacionamentos, a magoar os outros, a deixar de fazer o bem ou a desprezar os outros todos os dias na nossa vida. O entendimento adequado do pecado grave significa que não seremos apanhados ou atormentados pela ideia de que o pecado mortal pode ser cometido se faltarmos à Missa, praguejarmos ou fizermos coisas contidas numa longa lista de "pecados" que nada têm a ver com o verdadeiro pecado. A verdadeira culpa tem lugar quando magoamos ou desprezamos outras pessoas, e perpetramos outras ações uns contra os outros.

Desde o Vaticano II, o aumento do conhecimento a respeito da teologia e das informações sobre as Sagradas Escrituras tem sido extraordinário. Os professores precisam disseminar essas informações maravilhosas e libertadoras. A escolha é nossa. Queremos aprender mais e ser livres ou estamos contentes com o *status quo*? Preferimos as trevas que produzem ansiedade ou desejamos a luz que nos mostra o Caminho? "Queremos ser curados?" é a perene pergunta de Jesus.

Nem toda a nossa ansiedade desaparecerá. Nascemos cercados pela ansiedade; ela faz parte da vida. O que faz a diferença é a maneira como lidamos com ela. Não podemos deixar que nos esmague e nos controle continuamente, caso contrário, jamais seremos pessoas livres. Nossa vida precisa ser repleta de orações de confiança, capazes de nos trazer esperança e nos tornar pessoas otimistas. A Bíblia nos diz "Não temas" 365 vezes, uma para cada dia do ano. Como disse Jesus: "O medo é inútil; é preciso acreditar" (Lucas 8,50).

11.

O NOVO CASAMENTO

Ao discutir a realidade do divórcio, é importante levar em conta a questão do novo casamento. Algumas pessoas se casam pouco depois de se divorciarem, outras, muitos anos depois, enquanto outras ainda decidem permanecer solteiras. Muitas vezes, o primeiro casamento fracassa, enquanto quase dois terços do segundo matrimônio também fracassam. Muitos acreditam que, se a pessoa falhou em um casamento, ela aprenderá com os erros que cometeu e terá uma chance melhor de ser bem-sucedida no segundo. Mas parece que são necessários de três a cinco anos para que alguém se recupere emocional e psicologicamente de um divórcio. Se as pessoas não tiverem nenhuma ideia do motivo pelo qual o primeiro casamento não deu certo, o número de anos decorridos entre o divórcio e o novo casamento será irrelevante.

As pessoas comprometem suas chances de ter êxito no segundo casamento porque carecem das informações necessárias a respeito de como ou por que fracassaram no primeiro. Embora se julguem preparadas para se casar de novo, com frequência não se dão conta de que ainda estão feridas por causa do fracasso anterior, de modo que carregam uma bagagem não resolvida para o segundo casamento. É por esse motivo que, para essas pessoas, o aconselhamento se faz necessário a fim de lançar luz sobre as razões que conduziram ao insucesso do primeiro casamento.

POR QUE O MEU PRIMEIRO CASAMENTO NÃO DEU CERTO?

As seguintes perguntas poderão ajudar a pessoa divorciada a refletir a respeito de um casamento anterior e descobrir se está emocional e psicologicamente preparada para se casar novamente.

- Como fracassei no casamento?
- Estou ficando curado do fracasso do meu casamento?
- Sou capaz de optar por me casar novamente ou por continuar solteiro e, em ambos os casos, compreender que sou uma pessoa saudável? Ser saudável significa que eu me sinto completo e realizado, e que não preciso de outra pessoa para me sentir dessa maneira.

Quando essas perguntas são enfrentadas e respondidas com sinceridade, existe a possibilidade de que um segundo casamento seja bem-sucedido.

1. *Por que o meu primeiro casamento não deu certo?* Essa pergunta examina a dinâmica do casamento. Nós nos comunicávamos com sinceridade? Havia padrões destrutivos na relação? Por exemplo, se o casamento estava em constante conflito, quais eram os problemas? Discutíamos de uma maneira apropriada ou inapropriada? Ou evitávamos o conflito direto? Recorríamos a expedientes como culpar um ao outro e/ou insultos? Resolvíamos os problemas ou chegávamos a um meio-termo? O silêncio era um elemento ativo? A que tipo de resolução de conflitos recorríamos? Se não recorríamos a nada, por que não o fazíamos? Como expressávamos, ou não expressávamos, a raiva? Havia uma luta de poder em andamento? Como nossos pais lidavam com o conflito? Por acaso, um dos parceiros vinha de uma família na qual o conflito era permitido e o outro de uma família que evitava o conflito a todo e qualquer custo? Havia vícios envolvidos?

Essas perguntas e reflexões têm a intenção de identificar padrões perniciosos de relacionamento, bem como de trazer à tona causas subjacentes que, com o tempo, destruíram o relacionamento ou o impediram de se transformar num relacionamento permanente. As informações adquiridas geralmente vão além do casamento e, necessariamente, se concentrarão nas famílias de origem, nas quais algumas pessoas reconhecerão que são filhos adultos de alcoólatras e de famílias extremamente disfuncionais.

2. *Como fracassei no casamento?* É fácil para um dos cônjuges identificar os erros, o comportamento

errado ou a inépcia do outro. No entanto, devemos ter coragem e ser sinceros para enfrentar nossos próprios erros e imperfeições. Assumir a responsabilidade pela maneira como *eu* falhei no casamento é a meta suprema. Saber como a outra pessoa falhou é necessário, mas a pergunta mais importante é: como eu falhei? Como lidei com meu cônjuge e com as dificuldades e os problemas? Respondi da maneira apropriada, permaneci em silêncio ou tive uma reação exagerada? Permiti que meu cônjuge debilitasse a minha autoconfiança e autoestima? Deixei que ele me controlasse?

Esse questionamento pode ser ao mesmo tempo doloroso e informativo. Como podemos traçar um rumo melhor no futuro sem essas informações absolutamente essenciais? O casamento destruído, por mais decepcionante que seja, é, na verdade, um tesouro de informações fundamentais e conhecimento a respeito do nosso passado e de nós mesmos.

Devemos ter coragem e ser sinceros para enfrentar nossos próprios erros.

Muitas pessoas nunca são genuínas e independentes no casamento. Várias, em virtude do aconselhamento e de um árduo trabalho, fizeram a jornada através do divórcio, emergindo pela primeira vez na vida como pessoas que sabem quem elas são.

Tive clientes divorciados, especialmente mulheres, que possuíam pouca ou nenhuma autoestima, amor-próprio ou autoconfiança antes do casamento, e que perderam durante os anos que passaram casadas o pouco sentimento do eu que tinham. Foi preciso um divórcio para torná-las livres e saudáveis. Elas tinham ingressado no casamento com uma autoimagem tão sofrível que estavam programadas para escolher mal o marido. No entanto, agora, depois do divórcio, são capazes de fazer uma escolha melhor do parceiro.

Um casamento com problemas de comunicação pode assumir vários padrões. Um destes é o da esposa quieta, sorridente e sempre cordata, casada com um marido que fala demais, ouve pouco e controla a mulher. Ele interpreta o sorriso e o silêncio da mulher como um sinal de que ela está feliz e satisfeita. Joanne, por exemplo, se envolveu com George, o sócio na empresa do seu marido, Peter. Quando, de repente, Joanne deixa Peter e vai morar com George, Peter fica chocado e arrasado. Ele se sente magoado, zangado e traído, e grita: "Como você pôde fazer isso comigo?". Como Joanne nunca havia feito nenhuma crítica ou se queixado dele, Peter se via como um marido e pai amoroso e carinhoso. Ele apregoa com orgulho: "Cuidei dela e da família, sustentei-os, nunca andei por aí e nem bebi". Ele só conseguia enxergar a sua própria bondade e dedicação diante da traição da esposa.

Como estou me curando? O que aprendi a respeito de mim mesmo?

O aparente fracasso unilateral desse casamento é responsabilidade de ambos os parceiros. Os verdadeiros problemas de Joanne eram falta de autoconfiança, baixa autoestima, medo de se comunicar com sinceridade e o receio de expressar a raiva que sentia, especialmente dos homens. Assim sendo, ela evitava os conflitos sendo submissa. Ao longo dos anos em que ficou casada com Peter, Joanne acumulara uma tremenda quantidade de ressentimento com relação à atitude controladora do marido e, com o tempo, acabou deixando de sentir qualquer confiança, amor e respeito por ele, ao mesmo tempo em que, pouco a pouco, perdeu o respeito por si mesma. Seu envolvimento com George resulta dos conflitos não resolvidos e da raiva que sentia por Peter, que nunca mencionara para ele.

Peter, por outro lado, está desfilando como vítima, totalmente cego com relação ao seu próprio comportamento controlador e insensível no casamento. Ele se ilude, achando que era o marido perfeito. Peter falhou por não se conscientizar de que o silêncio de Joanne não era uma indicação de que ela estava feliz ao seu lado. Na realidade, ele nunca soube realmente o que ela pensava, sentia ou precisava. Pressupôs que ela era feliz, não estava em contato com o que Joanne sentia ou com as necessidades emocionais dela, e tampouco tinha consciência de sua falta de confiança e baixa autoestima. Na realidade, efetivamente vicejava nessas qualidades por ser, ele próprio, muito inseguro.

Esse é um exemplo de um casamento tipicamente fracassado, no qual os sintomas de infidelidade não são o verdadeiro problema. Um casamento só pode ter êxito quando os dois parceiros reconhecem e compreendem as próprias fraquezas, modificam seu comportamento e crescem, para poder desenvolver um relacionamento saudável e funcional. Mesmo que uma reconciliação não seja possível, os cônjuges precisam resolver seus problemas e compreendê-los antes que possam tentar um segundo casamento e esperar que ele seja bem-sucedido. Se persistirem na sua cegueira e não compreenderem a si mesmos, estarão se condenando a um segundo insucesso no casamento, ou, na melhor das hipóteses, a um casamento de segunda classe.

3. *Como estou me curando?* Dois ou três anos depois do divórcio, os envolvidos precisam ser capazes de entender as causas de o casamento não ter dado certo. Devem ter informações e ideias sobre sua participação no relacionamento que fracassou. Importante também é a necessidade de as duas partes compreenderem a sua família de origem, e obterem dela as informações fundamentais relacionadas ao casamento fracassado. Quais foram os padrões negativos e positivos de relacionamento que aprendi na minha famí-

lia? Como eu me relacionava com meus pais e meus irmãos? Como os meus pais se relacionavam um com o outro, o projeto fundamental da maneira como eu percebo o casamento? Quais eram os pontos fracos e fortes dos meus pais que eu trouxe para o casamento? Eu os trouxe para esses conflitos não resolvidos com meus pais? Qual era a qualidade da comunicação, não apenas entre os meus pais, mas também entre os meus pais e eu? Na minha família, éramos íntimos e unidos, ou conflituosos e desunidos?

As pessoas revivem seu passado de três maneiras:

1. Repetindo os fracassos da família. "Papai era alcoólatra. Eu me casei com um alcoólatra."

2. Rebelando-se contra o passado. "Meus pais brigavam e tinham uma reação de raiva exagerada um com o outro, de modo que jurei que jamais vou brigar ou expressar minha raiva."

3. Fazendo uma reestruturação baseada nas coisas boas que aprenderam com sua família e se esforçando para evitar quaisquer fraquezas às quais possam ter sido expostas.

A mudança envolve trazer novas informações para a vida e para os relacionamentos. Desse modo, podemos romper o ciclo pernicioso do passado.

As pessoas divorciadas sabem que estão ficando curadas quando seus intensos sentimentos de mágoa, raiva, fúria e vingança se tornam menos intensos e mais dispersos, quando o medo e a ansiedade que sentem com relação a si mesmas e aos filhos diminuem e são substituídos por confiança e esperança. Elas têm a sensação de estar em um lugar melhor e de serem mais responsáveis pela própria vida. Culpar os outros não é mais um problema com o qual tenham de lidar; o passado não controla mais suas emoções. Elas sentem até mesmo gratidão por terem conseguido transpor o vale sombrio do divórcio. Algumas chegam até mesmo a exultar e ser gratas pelo fato de um casamento destrutivo ter acabado, e são capazes de dizer que ele jamais deveria ter acontecido. Para algumas, tem lugar um renascimento. Uma mulher me disse certa vez: "Se não fosse pelo divórcio, eu nunca teria me tornado a pessoa que Deus me destinou a ser".

O que as pessoas divorciadas precisam entender é que, mesmo depois do divórcio judicial, é preciso que o divórcio emocional e psicológico tenha lugar, o qual requer mais tempo e esforço. Muitas jamais alcançam o divórcio psicológico. Elas se agarram ao ódio e à raiva. Em um certo sentido, ainda estão casadas porque o ódio e a raiva implicam que o relacionamento com o ex-cônjuge continua a existir. Pode continuar a haver conflitos a respeito de problemas financeiros, dos filhos e de outras questões não resolvidas. Por causa de tudo isso, a mediação e, em especial, o aconselhamento são fundamentais para as pessoas que estão se divorciando.

Às vezes, as pessoas divorciadas contraem um novo matrimônio com esses sentimentos que estão ainda por resolver, de modo que passam a viver dois casamentos. O segundo casamento terá dificuldade em sobreviver porque um ou ambos os cônjuges ainda estão envolvidos com o primeiro casamento e todos os elementos destrutivos a ele associados. Estes debilitarão o segundo casamento e impedirão que ele viceje como um relacionamento saudável.

Os filhos pequenos e, principalmente, os mais velhos, podem se tornar uma fonte de estresse e discórdia no novo casamento. Problemas do antigo enlace podem sorver a energia emocional intensamente necessária no segundo casamento. As pessoas podem nunca chegar a uma sólida e exequível estratégia com relação aos filhos, questões financeiras e outros assuntos remanescentes relacionados ao ex-cônjuge ou à família. Essas questões precisam ser discutidas e resolvidas antes que as pessoas voltem a se casar, caso contrário, podem causar um desastre no segundo casamento.

Outro indício de que as pessoas divorciadas estão ficando curadas e prontas para voltar a se casar é o fato de serem capazes de perdoar o outro parceiro, aceitar o perdão de Deus e perdoar a si mesmas. Quando perdoamos um ex-cônjuge, nós o fazemos principalmente em consideração a nós mesmos e à nossa cura. Isso não significa que não alimentaremos ocasionalmente sentimentos dolorosos a respeito de um ex-cônjuge. Não quer dizer que tenhamos de aceitá-lo de volta ou nos reconciliarmos com ele. Perdoar não significa que toleramos as ofensas cometidas pelo outro. Mais exatamente, perdoar quer dizer que somos capazes de parar de ficar remoendo as coisas e seguir adiante com a nossa vida.

Nós perdoamos em consideração a nós mesmos e à nossa cura.

A promessa do futuro está diante de nós. Fomos transformados por tudo o que aconteceu. Nós nos tornamos pessoas esperançosas, melhores, e não amargas. Nosso autoconhecimento foi acentuado pelas constatações que obtivemos com a experiência do divórcio e com o aconselhamento. Mudamos e temos um melhor relacionamento com nós mesmos. Estamos mais confiantes e seguros de nós mesmos, o que nos permite confiar mais nos outros e nos leva a fazer melhores escolhas nos relacionamentos.

4. *Sou capaz de optar por me casar novamente ou por continuar solteiro, e, em ambos os casos, compreender que sou uma pessoa saudável e completa?* O objetivo do divórcio não é um novo casamento, e sim a cura e a obtenção da paz, da satisfação e da felicidade interiores. A felicidade é uma escolha pessoal que não é encontrada em outra pessoa, e sim em si mesmo.

Se a pessoa divorciada voltar a se casar, essa será uma livre escolha que não se baseia na necessidade desesperada de *ter* alguém para que possa *ser* alguém. O novo casamento não deve ser motivado pela solidão ou pelo medo de ficar sozinho, e tampouco pela necessidade de que alguém cuide de mim ou pela minha necessidade de cuidar de outra pessoa. Essa decisão precisa ser uma escolha que é feita porque desejamos formar um relacionamento íntimo e amoroso com a pessoa certa – um relacionamento no qual podemos compartilhar nossa vida.

Um importante aspecto da questão do novo casamento exige que a pessoa com quem estou me casando esteja curada, se ela for divorciada ou viúva, tenha feito o necessário trabalho de lamentar a perda, e possa responder adequadamente a estas quatro perguntas:

1. A pessoa é capaz de compreender o antigo casamento e a sua família de origem?

2. A pessoa assume a responsabilidade pela sua participação no insucesso do primeiro casamento?

3. A pessoa mudou? Está trabalhando a mudança, obtendo novas ideias, autoconhecimento e motivação?

4. A amargura, a raiva e a acusação estão controlando sua vida?

Se a pessoa com quem você quer se casar não der respostas adequadas a essas perguntas, então, por melhor candidata que pareça ser sob outros aspectos, ou por maior que seja a sua atração por ela, meu conselho é: não se case! Não existe a esperança de um relacionamento bem-sucedido; ele está condenado ao fracasso antes de serem proferidos os votos do matrimônio. O fato de a pessoa estar disposta a procurar o aconselhamento pré-conjugal é um bom sinal. Entretanto, preciso recuar e esperar que o aconselhamento faça efeito antes de dizer "aceito".

Na minha experiência, muitos clientes divorciados, depois de estarem curados e terem dado seguimento à vida, trouxeram o marido ou a esposa em perspectiva para se aconselhar comigo. Recusavam-se a se casar enquanto a outra pessoa não estivesse disposta a fazer um exame sincero de si mesma, do antigo casamento e da família de origem. Se um possível novo parceiro estiver sendo realmente sincero, ele não se recusará a procurar a ajuda necessária. Palavras e promessas não são suficientes. A ação e a mudança se fazem necessárias. Um segundo casamento já é bastante difícil para duas pessoas que têm autoconhecimento suficiente para se casarem novamente e que prometem trabalhar o relacionamento; e extremamente precário quando um ou ambos os cônjuges demonstram não ter nenhum entendimento do seu relacionamento conjugal anterior e são movidos pela euforia emocional, pela carência ou por outras razões neuróticas.

Às vezes, um segundo casamento fracassado é seguido por um terceiro ou um quarto, que também fracassam. Às vezes, o insucesso ocorre porque os cônjuges não estão dispostos a buscar uma intimidade emocional genuína, o que requer um grande esforço. Eles estão dispostos a se conformar com menos na esfera da intimidade, e menos não é o bastante para o sucesso de um casamento.

Muitas vezes tive discussões com mulheres divorciadas que estão namorando e se sentem obrigadas a ter um relacionamento sexual antes de estarem preparadas para isso. Presenciei o fracasso desses casamentos, causado porque o relacionamento sexual não estava radicado num sólido relacionamento emocional e psicológico. As mulheres se queixam amargamente, e com grande frustração, de que não têm a menor possibilidade de "encontrar um homem", a não ser que estejam dispostas a dormir com ele no primeiro encontro. Tudo isso indica que nenhuma das duas pessoas está pronta para um relacionamento sério. O homem, que está desesperado para satisfazer suas necessidades, provavelmente se sente inadequado, e pode estar sentindo a necessidade de controlar a mulher. Ele não está ouvindo a mulher dizer que quer esperar um pouco para que eles tenham um envolvimento sexual.

Às vezes, as mulheres cedem a essas exigências sexuais por causa de suas próprias necessidades e sentimentos inadequados, ou o fazem devido ao medo de que talvez não consigam encontrar outro parceiro. O autorrespeito é comprometido, a submissão e o controle se tornam um problema, e a ansiedade e expectativas irrealistas se instalam. Essas e outras variações do mesmo tema são características das pessoas que decididamente não estão prontas para nenhum tipo de intimidade emocional e psicológica importante.

Muitas mulheres têm sido motivadoras bastante eficazes ao persuadir os homens a fazer um exame sincero de seus relacionamentos fracassados. Alguns homens, pela primeira vez na vida, realmente começam a lidar com seus sentimentos e com a gama de dificuldades emocionais que tantos homens têm. O livro do Dr. James A. Schaller, *Become the husband your wife thought she married*, examina bem esse assunto.

Uma das declarações que ouvimos de possíveis candidatos a novo casamento é que eles combinam num número enorme de questões. Isso é bom, porém ainda mais importante é a maneira como trazem à tona as áreas de diferenças e como lidar com elas. De que maneira eles continuam a ser pessoas com diferenças e permanecem juntos? Eles conseguem se envolver em uma comunicação aberta e sincera, discordar, expressar a raiva e ter um conflito apropriado?

PERMANECENDO SOLTEIRO

"Posso permanecer solteiro e mesmo assim me ver como uma pessoa saudável e completa?" é uma pergunta fundamental. Se essa escolha for feita, é preciso compreender que permanecer solteiro não envolve nenhum estigma ou desgraça. Essa escolha, por si só, é um estilo de vida e uma vocação. A liberdade que ela confere apresenta oportunidades na vida em coisas como uma educação avançada, o desenvolvimento profissional, e o serviço social e religioso a outras pessoas. As possibilidades e oportunidades para atividades significativas são inúmeras.

Permanecer solteiro não significa deixar de ter relacionamentos emocionalmente próximos e íntimos com outras pessoas, sejam elas homens ou mulheres. Todos precisamos de intimidade emocional, independentemente da condição de vida que possamos escolher. Tampouco é o medo de se casar novamente, fracassar novamente, ou de se sentir inadequada que impede uma pessoa de voltar a se casar. Trata-se simplesmente de uma escolha feita no sentido de aceitar a vida de solteiro por causa do significado e das oportunidades que ela oferece. É uma questão de se sentir bem a respeito de si mesmo e ter um bom relacionamento consigo mesmo.

Às vezes, a família e os amigos exercem pressão sobre quem optou por permanecer solteiro para que se case. Os solteiros estão bastante satisfeitos com sua condição, mas a família e os amigos não estão! O solteiro precisa permanecer seguro e confiante no seu estado de solteiro, para que, com o tempo, a família e os amigos desistam de pressioná-lo.

E precisa ficar à vontade na presença de casais, não se considerando excluído ou deslocado. Talvez tenha de lidar com casais que o encaram como uma ameaça ao seu casamento. A pessoa solteira talvez também precise lidar com a desconfiança de quem possa achar que ela é estranha ou homossexual.

Ao longo dos anos, tive contato com muitas pessoas divorciadas, especialmente mulheres, que, depois de se recuperarem do divórcio, ficaram curadas e se sentem genuinamente felizes com o fato de estarem solteiras. Elas não têm nenhum interesse em voltar a se casar. O que é muito evidente é sua autoconfiança, seu sentimento do eu, sua satisfação com a vida e com elas mesmas. Elas têm metas na vida, metas que estão ativamente buscando alcançar. São inspiração e apoio moral para os filhos.

Seja qual for o rumo tomado pelas pessoas divorciadas, ele precisa ser livremente escolhido, e essa livre escolha só pode ter lugar depois que elas processam seu casamento fracassado, livram-se da bagagem passada e encontram a cura emocional e espiritual. Precisam, também, sentir-se bem a respeito de si mesmas, perdoar a si mesmas e aos outros, e alimentar o sentimento de serem pessoas saudáveis e completas.

O QUE É UMA ANULAÇÃO CATÓLICA?

A questão de uma anulação da Igreja é um problema particular para muitos católicos, e um enigma para os protestantes! A anulação declara que um casamento particular nunca foi, desde o dia do casamento, um matrimônio sacramental, e sim um casamento civil (portanto os filhos serão legítimos). O casamento sacramental é uma união de corações, mentes e corpos na qual as pessoas ingressam para toda a vida. Algumas pessoas são incapazes de ingressar nesse tipo de união; por exemplo, podem estar emocional ou psicologicamente imaturas ou danificadas, ou podem ser alcoólatras ou viciadas em drogas na ocasião do casamento.

O processo de anulação revela as razões pelas quais um matrimônio específico não é sacramental, e, baseada nessas constatações, a Igreja anula o casamento, ou seja, declara que ele nunca foi um matrimônio sacramental. A anulação não diz que os cônjuges eram más pessoas. O que ela diz é que o casamento anulado nunca teve a capacidade de se tornar um casamento cristão, ou seja, um relacionamento permanente e vivificante.

Existem outras razões técnicas pelas quais um casamento pode ser anulado. Por exemplo, quando alguma lei da Igreja relacionada ao casamento não foi seguida, tornando-o, portanto, inválido. Outra razão para a anulação tem lugar caso tenha havido pressão moral para que uma pessoa se casasse, limitando assim sua liberdade de agir.

Não raro, católicos que obtiveram uma anulação e voltaram a se casar têm sérios problemas no segundo casamento. A anulação da Igreja não é um antídoto milagroso que impede que um segundo casamento fracasse. Muitas dioceses católicas estão hoje exigindo que, depois da concessão da anulação, a pessoa faça aconselhamento para poder se casar de novo. Na Filadélfia, por exemplo, a arquidiocese desenvolveu um programa que oferece assistência e apoio àqueles que estão pensando em se casar depois de uma anulação, o que é uma medida altamente louvável da parte da Igreja e que deveria ser seguida por todas as dioceses.

Somente um pequeno percentual, cerca de dez por cento, dos católicos divorciados nos Estados Unidos requer a anulação (a qual, em geral, leva de um a dois anos para ser concedida). Outros não têm vontade de passar novamente pela dolorosa história de um casamento fracassado, e consideram as perguntas que são obrigados a responder invasivas ou pessoais demais. Existe também a opinião entre os católicos de que a anulação é muito cara. Essa desinformação pode ser alimentada por histórias verdadeiras ou boatos que dizem que católicos proeminentes ou ricos conseguiram rapidamente a anulação devido a seu status social ou financeiro. Em geral, a taxa exigida por um tribunal de casamento mal cobre o custo do trabalho administrativo envolvido. Os casos com problemas financeiros são seriamente analisados, e a taxa pode ser reduzida ou, até mesmo, totalmente eliminada. O custo de um divórcio judicial é astronômico quando comparado à pequena taxa cobrada pela anulação.

A comunidade cristã precisa ser um lugar de cura.

Já adverti alguns católicos para que não fiquem ansiosos por buscar a anulação enquanto não tiverem passado por uma certa quantidade de sessões de aconselhamento. Se fizerem isso, ficarão muito mais bem preparados para buscar a anulação. Além disso, precisam se concentrar na sua mágoa e encontrar uma cura depois do insucesso do primeiro casamento. Esse processo é muito mais importante do que uma anulação. Eu os tranquilizo, dizendo que a maioria das pessoas que procura a anulação em geral a consegue. Sendo mais preciso, quando um tribunal de casamento aceita um caso, é quase certo que a anulação será concedida.

Alguns católicos se ressentem do quanto parece ser necessário escrever para responder a algumas perguntas dos formulários. É comum as pessoas escreverem extensamente, mas deixarem de perceber o sentido exato ou o ponto essencial do insucesso do casamento e da sua participação nesse fracasso. Um aconselhador profissional pode proporcionar a orientação necessária à pessoa, orientação essa que a ajudará a agilizar e isolar as razões pertinentes que levaram o casamento a fracassar. Ao mesmo tempo, no aconselhamento, o requerente está reunindo informações que indicarão possíveis problemas psicológicos que existiam antes do matrimônio e que contribuíram para causar o fim do casamento.

Os tribunais oficiais precisam ser responsáveis por escolher aqueles que irão ajudar as pessoas no trabalho de processar as anulações. Minha experiência tem revelado que quase todos os padres, diáconos e funcionários do tribunal são pessoas sensíveis, conscientes da mágoa que aqueles com quem estão lidando estão sentindo. Eles assumem com seriedade a responsabilidade de refletir a compaixão, a misericórdia e a compreensão de Cristo. Como você pode ver, é grande a necessidade de instruir os católicos nas questões relacionadas à anulação. O fato de que um número tão pequeno de católicos requer a anulação pode indicar a enorme ignorância e desinformação existente com relação ao processo de anulação.

Não obstante, a verdade é que a Igreja Católica precisa enfrentar o fato de que o processo de anulação não está funcionando com eficácia. Creio que um novo exame e uma revisão de todo o processo se fazem necessários. Depois de trabalhar todos esses anos com pessoas divorciadas, estou convencido de que talvez as autoridades da Igreja possam considerar o seguinte procedimento como um possível esboço para a renovação do processo de anulação.

1. O aconselhamento profissional deve ser exigido de todos os que buscam a anulação. As dioceses poderiam oferecer esse serviço por uma taxa razoável.

2. O aconselhador, com permissão do cliente e até mesmo acompanhado pelo cliente, precisa fazer um relatório para o tribunal de casamento diocesano. Esse relatório conduziria a uma discussão e às respostas às quatro perguntas que formulei anteriormente neste capítulo. O tribunal poderia, com o tempo, dar uma resposta a respeito da possibilidade de um novo casamento, baseado nas constatações da pessoa.

3. A diocese precisa continuar a oferecer grupos de apoio para os divorciados e separados. Esses grupos ajudam as pessoas a experimentarem a cura e a confirmação emocional e espiritual. A diocese também poderia oferecer seminários sobre a psicologia dos relacionamentos conjugais, sobre a família e sobre os aspectos emocionais e psicológicos da pessoa.

4. Finalmente, o tribunal de casamento diocesano precisa se concentrar mais na cura psicológica das pessoas divorciadas do que nos aspectos jurídicos.

Esses passos precisam ser esclarecidos e desenvolvidos, mas eles são, na minha opinião, a base de uma abordagem muito mais saudável da anulação, menos ameaçadora, mais eficiente, mais pastoral e mais próxima ao Espírito de Cristo do que o processo fortemente carregado de elementos jurídicos atualmente predominante. Além disso, minha abordagem seria menos ameaçadora para os não católicos que precisam de uma anulação, porque ela confere um tratamento inspirador e fortalecedor a um segundo casamento cristão. A Igreja torna-se, então, um refúgio de apoio e compreensão para as pessoas divorciadas e separadas, bem como uma entidade que promove segundos casamentos mais saudáveis e felizes. Repetindo, todo o processo de anulação seria abordado de uma maneira mais pastoral do que jurídica.

O recebimento da comunhão é um problema para os católicos que não conseguem obter a anulação, seja por que motivo for, e que voltam a se casar numa cerimônia não católica ou civil. Outros católicos nunca tentam buscar a anulação. A questão para a maioria desses católicos torna-se um caso de consciência pessoal com relação ao recebimento da comunhão. Essas pessoas não estão legalmente fora da Igreja, mas esta afirma que eles não podem receber a comunhão por não estarem validamente casados em cerimônia católica. Ainda assim, muitos deles recebem a comunhão porque sentem que têm esse direito, de modo que tomam sozinhos uma decisão de consciência. Certo ou errado, temos de admitir que essa é uma corrente de pensamento e comportamento comum entre muitos católicos hoje em dia.

A agonia do divórcio e de um novo casamento já é suficientemente dolorosa sem que adicionemos a ela a "dor religiosa". A comunidade cristã precisa ser um lugar de consolo, conforto e cura para as pessoas que estão passando por um divórcio e se casando novamente. A hospedaria à qual o Bom Samaritano conduziu o homem que fora atacado é uma metáfora para a Igreja, onde aqueles que foram privados dos seus sonhos de um casamento feliz podem procurar consolo e sabedoria. Quando deixarem o refúgio da hospedaria, estarão fortes o bastante para continuar a jornada pela vida.

Os dois anseios humanos básicos são, primeiro, estar ligado a outra pessoa para poder se relacionar estreitamente com ela e existir, e, segundo, o anseio de ser uma pessoa especial no controle da sua própria vida, capaz de dirigi-la. O casamento é provavelmente uma das melhores maneiras de satisfazer a ambos. Trata-se de um processo sofisticado no qual as pessoas podem crescer e se desenvolver como indivíduos, e, ao mesmo tempo, encontrar a conexão que desejam. A tensão entre manter o eu e manter o relacionamento é uma tensão saudável que contribui para o poder criativo do casamento. Isso pode proporcionar a homens e mulheres uma satisfação razoável nesta vida e a salvação na próxima.

Nota: para maiores informações, recomendo o livro *Remarriage in the church after divorce: Pastoral solutions,* publicado pela Association for the Rights of Catholics in the Church (ARCC), P. O. Box 85, Southampton, MA 01073, USA.

12.

COMO FAZER O CASAMENTO DAR CERTO

O casamento é a solução para o profundo anseio que quase todas as pessoas têm de estar intimamente ligadas a outra e ter filhos. Ele garante a continuação da raça humana e oferece a oportunidade ideal para a mulher e o homem obterem intimidade emocional e sexual.

Ao longo da história humana, o casamento tem tido as suas variações, boas e más. Evoluiu e se desenvolveu, mas ainda tem um caminho a percorrer na questão do abuso conjugal e da desigualdade entre homens e mulheres. À medida que as pessoas se esforçam no casamento para ficar juntas e, ao mesmo tempo, ser diferentes, tem lugar uma contínua tensão natural, dinâmica do relacionamento íntimo que elas estão buscando. O casamento tem sido problemático desde o início, quando Adão e Eva romperam seu relacionamento de confiança com Deus e um com o outro. Adão culpou Eva e Eva pôs a culpa na serpente. Tudo isso soa familiar para as pessoas que estão tentando fazer seu casamento dar certo.

Algumas pessoas se casam duas vezes ou mais na tentativa de fazer com que o casamento dê certo, tão grande é o anseio de estarem casadas e encontrarem a intimidade. Apesar da sofisticada educação que homens e mulheres desfrutam hoje em dia, não raro, ainda carecem das informações, do entendimento e do discernimento que estão disponíveis a respeito de como desenvolver bons relacionamentos. Os jovens ainda estão se casando como seus pais se casaram, em muitos casos, continuando a viver os bons e maus aspectos do casamento deles.

Existe hoje um grande pessimismo a respeito do casamento, muita apreensão a respeito da capacidade de permanecer casado e manter um relacionamento a longo prazo. Esse pessimismo aparece no tipo de literatura na qual o escritor diz que o casamento é uma armadilha para homens e mulheres. Ele se reflete na demora de algumas pessoas em se casar a fim de permanecerem livres para desfrutar a vida de solteiro. Há também a hesitação em assumir um compromisso, o que leva os casais a morar juntos, sem o benefício do matrimônio, e também o medo de desenvolver a intimidade, o que faz com que muitos se conformem com encontros sexuais insatisfatórios. Os jovens, ao ver um número tão grande de casamentos fracassados, compreensivelmente, questionam suas chances de ter sucesso nessa instituição. Não raro, desenvolvem uma perspectiva cética a respeito do casamento, o que os leva a protelar o matrimônio.

A minha esperança é que, depois da leitura dos capítulos anteriores, possamos ser mais positivos a respeito da possibilidade de que possam existir casamentos bons e duradouros. Partindo desse princípio, apresento cinco características de um bom casamento. Creio que essas cinco características resumem a maior parte do que eu disse até aqui, porque incluem os atributos essenciais de um relacionamento conjugal adequado e funcional.

Em primeiro lugar, cada cônjuge precisa assumir a responsabilidade de fazer o casamento dar certo. Essa postura requer que cada parceiro se concentre no seu papel no casamento e seja responsável por colocar em prática o que precisa fazer. Cada um deve refletir sobre as seguintes perguntas: Quais são as minhas funções no casamento? O que preciso fazer para manter e melhorar este casamento? Como posso conhecer o meu parceiro e aprimorar a vida dele? Essa abordagem coloca a responsabilidade de fazer o casamento funcionar nos ombros de cada cônjuge, o que significa dedicar tempo à outra pessoa e ter a iniciativa de tomar medidas para que passem mais tempo juntos. O casamento cristão envolve servir à outra pessoa e se doar. Significa entregar a própria vida ao outro.

Concentrar-nos na nossa responsabilidade no casamento significa assumir a responsabilidade pelas nossas falhas, ou seja, pelo fato de desprezar o outro, pela nossa participação nos problemas que ocorrem ou por perceber nossa participação em qualquer discordância que possa ocorrer no relacionamento. Na condição de cônjuge, preciso ser capaz de me concentrar na maneira como reajo à mágoa, à raiva, à mesquinharia, ao desprezo ou ao abuso do outro. Posso escolher reagir de uma maneira equilibrada e apropriada ou posso ter uma reação exagerada, fazer acusações ou me colocar na defensiva. Quando permito que meu parceiro me atinja, reduza minha autoconfiança ou baixe minha autoestima, tenho de perguntar como isso aconteceu? O que preciso mudar em mim mesmo? Tony Hendra fala excepcionalmente bem a respeito da arte de ouvir com atenção na sua comovente obra autobiográfica: *Father Joe: The man who saved my soul*. "A única maneira que temos de conhecer uns aos outros é ouvir com atenção, o que significa estender-nos em direção a esses outros eus desconhecidos, transpondo os nossos muros e os deles; ouvir com atenção é o começo da compreensão, o primeiro exercício do amor".

No final, cabe a mim escolher como eu me comporto no casamento. A minha felicidade no relacionamento conjugal é minha responsabilidade, e não do meu parceiro, o que é um erro comum no casamento. Um casamento feliz é a combinação e a conexão de duas pessoas felizes.

A segunda característica de um casamento bem-sucedido é o desenvolvimento da arte e das habilidades da comunicação clara, o que inclui escutar com eficácia. Uma vez mais, é responsabilidade de cada cônjuge desenvolver habilidades de comunicação, embora o outro cônjuge possa se comunicar de uma maneira insatisfatória ou ser um ouvinte desatento. Cada um precisa se empenhar sistematicamente em se comunicar, por piores que estejam as coisas. Em muitos casos, quando um dos cônjuges carece de habilidades de comunicação, essa característica acaba afetando o outro de uma maneira negativa, fazendo, por exemplo, com que ele passe a se comunicar com menos eficácia. É nesse ponto que o cônjuge que se comunica bem precisa ser persistente e confiante, o que, com o tempo, produzirá resultados; se ele não fizer isso, o relacionamento será realmente prejudicado.

A comunicação contém três regras. A primeira é: comunique-se. A segunda é: comunique-se. A terceira, finalmente, é: comunique-se. A comunicação no casamento vai além da comunicação verbal. Ela é inerente nos múltiplos aspectos da linguagem corporal, bem como na comunicação sexual entre os cônjuges. Temos consciência dos pensamentos, sentimentos e disposições de ânimo do nosso cônjuge, estamos em contato com ele e dispostos a ouvi-lo? Alguns tipos de comunicação resultarão naturalmente no conflito, mas isso faz parte da comunicação genuína. O silêncio é o verdadeiro assassino dos casamentos.

Ser um ouvinte concentrado e ativo significa estar em contato e ser receptivo ao que a outra pessoa está dizendo, pensando, sentindo e precisando. Significa estar consciente do ser completo da outra pessoa. É nesse momento que desenvolvemos empatia pelo outro, e a conexão e a cura têm lugar no relacionamento.

Por meio dessa comunicação aberta e sincera e da arte de escutar com atenção desenvolve-se uma verdade duradoura que conduz à intimidade emocional, psicológica e sexual. Transmitimos para a outra pessoa o sentimento de que nos preocupamos com ela, que a respeitamos e que ela é importante para nós.

A terceira característica de um casamento bem-sucedido é a necessidade de os cônjuges alimentarem um profundo sentimento de esperança de que o casamento sobreviverá, não importa o que aconteça. A esperança é a convicção de que as coisas podem ser diferentes no casamento, que elas podem ser melhores. A esperança desenvolve a capacidade de lidar com os problemas, e quanto mais os cônjuges enfrentarem os problemas, mais esperança eles terão. A atitude esperançosa de um dos cônjuges afetará o outro nos momentos em que este possa estar ficando desanimado devido a problemas ou dificuldades.

A quarta característica necessária é a presença e a promessa do perdão. Poderíamos quase afirmar que essa qualidade faz do casamento cristão o que ele é. Durante o casamento, as pessoas cometerão ocasionalmente falhas uma com a outra. Os casais sentirão desapontamento e mágoa. As pessoas casadas precisam ser realistas com relação ao fato de que essas falhas acontecerão de vez em quando. Expressar o perdão precisa ser um aspecto essencial de qualquer casamento, para que ele fique curado e cresça.

O perdão não apenas cura um relacionamento ferido, como também aproxima mais os cônjuges. Com essa experiência, eles aprendem mais a respeito de si mesmos, a respeito da bondade e das dificuldades um do outro.

Finalmente, todas essas características de um bom casamento são fortalecidas e unificadas pelo compromisso dos cônjuges de fazer o casamento dar certo, de continuar a tentar, apesar dos fracassos, do desânimo e das frustrações. Essa perseverança e essa determinação não apenas revigoram o casamento, como também desenvolvem uma atmosfera de confiança entre os cônjuges. Em muitos casos, um deles pode fazer um óbvio esforço para melhorar o casamento. Essa atitude pode exercer uma influência positiva no outro e levá-lo a trabalhar mais o casamento, o que, por sua vez, desenvolverá uma confiança mais forte entre os cônjuges.

A confiança é a base do casamento. Independentemente do que aconteça, a pessoa casada deve ser capaz de ter certeza de que a outra estará presente nos bons e nos maus momentos. Como é grande a sensação de segurança que esse sentimento pode proporcionar ao casamento! Esse tipo de compromisso envolve a determinação pessoal de que cada cônjuge precisa assumir a responsabilidade de fazer o casamento dar certo. Nestes tempos de individualismo desenfreado, essa atitude é rara porque as pessoas estão profundamente imersas em suas próprias necessidades e direitos. Quando esse é o caso, o casamento se torna mais a respeito de "mim" do que de "nós". Um bom casamento inclui a possibilidade de que tanto o "mim" quanto o "nós" sejam satisfeitos. No entanto, isso requer um contínuo trabalho, esforço, cooperação, ajustes, comunicação e, exato, até conflito. Com essas cinco características, um bom casamento é possível, e o amor se torna realidade.

O casamento é um relacionamento de compromisso. O amor no casamento envolve a decisão de amar, quer a pessoa sinta amor o tempo todo ou não. O amor sexual não apenas fortalece o vínculo do amor, como também confere conforto e prazer em meio aos estresses da vida conjugal.

A confiança é a base do casamento.

Não existem casamentos perfeitos porque não existem pessoas perfeitas. Mas as cinco qualidades de um bom casamento que mencionei podem fornecer as ferramentas capazes de ajudar as pessoas casadas a percorrer a jornada conjugal. Podem fortalecer a promessa dos cônjuges de perseverar e permanecer fiéis um ao outro, "na saúde e na doença, na alegria e na tristeza, na riqueza ou na pobreza, até que a morte nos separe".

Ao concluir este capítulo, sobre as cinco qualidades de um bom casamento, desejo recomendar um livro intitulado *Good marriage, bad marriage,* de autoria de Les e Leslie Parrott, que são conselheiros matrimoniais cristãos. Eles examinam no livro algumas das ideias que mencionei e desenvolvi aqui.

13.

A FAMÍLIA

A unidade social fundamental é a família, que tem a sua origem nos primeiros estágios da raça humana. Ela é o fato comum que une todas as culturas. As famílias são os elementos constituintes de qualquer sociedade e garantem a reprodução da raça humana. A força e a durabilidade de qualquer sociedade derivam da natureza coesiva das suas famílias.

A questão é a seguinte: o que fazer para preservar e fortalecer a vida familiar? Cada cultura e sociedade tem incorporadas suas leis, tradições e tabus, que visam preservar a vida em família. No mundo ocidental, possuímos valiosos trabalhos sociais e psicológicos que estão, na maior parte, em harmonia com os valores judeo-cristãos da família. Neste capítulo, vou enfatizar algumas dinâmicas básicas necessárias para a preservação e aperfeiçoamento da vida em família.

COMUNICAÇÃO

A primeira dinâmica necessária para que a família adquira unidade e seja funcional é a comunicação eficaz entre todos os seus membros. Os pais são incentivados a conversar constantemente com os filhos, desde os primeiros dias de vida destes. Conversar com o bebê é como soprar vida na criança. Ela se anima e responde. A conversa dos pais ajuda o bebê a perceber sua separação e identidade. A comunicação dos pais um com o outro não apenas é fundamental para o relacionamento, como também serve de exemplo para os filhos. Os pais dão o tom da comunicação na família, que é a força vital que circula pelo corpo para preservá-lo e revitalizá-lo. A comunicação promove a união e a conscientização da família.

A comunicação precisa abranger todas as situações e realidades na família. Precisa ser direta e clara, aberta e sincera. A comunicação ajuda os membros da família a compartilhar o que percebem, o que pensam e o que sentem, bem como a expressar as necessidades que possam ter. É somente nesse ambiente aberto que as pessoas podem vir a conhecer umas às outras enquanto unidade, enquanto grupo relacionado.

A comunicação indireta tem lugar, por exemplo, quando o filho diz à mãe o que deveria estar dizendo ao pai. A mãe, por sua vez, fala com o pai, o que o deixa perturbado porque o filho não confiou nele o bastante para se dirigir diretamente a ele. Essa comunicação indireta debilita a união e a confiança da família. Chamamos essa comunicação indireta de "triangulação". Depois de ouvir o filho, a mãe precisa incentivá-lo a falar diretamente com o pai, caso contrário, ela estará promovendo a comunicação disfuncional.

É comum nas sessões de aconselhamento familiar, quando se discute uma situação familiar, que os membros revelem que percebem a situação de maneiras diferentes. Grande parte do problema apresentado pela família, em geral, está bloqueado nesses diferentes pontos de vista até então não compartilhados pelos membros da família. Eles não entendem uns aos outros nem a questão discutida, de modo que podem desenvolver sentimentos desnecessários de raiva ou má interpretação, que os leva a ficar distantes e desligados uns dos outros.

Como foi mencionado anteriormente, o principal objetivo da comunicação não é a resolução, e sim a revelação. A comunicação confere às pessoas a oportunidade de se revelarem, e, com muita frequência, é na revelação do que elas percebem, pensam, sentem e precisam que encontram a resolução de um problema. No entanto, esta não significa necessariamente a solução do problema, embora possa sê-lo. Não significa necessariamente a concordância, mas, pelo menos, que a base agora está preparada para que as pessoas negociem, cooperem, façam concessões e tolerem umas às outras.

Todos têm que ser ouvidos e ter a chance de falar.

Todos os membros da família precisam participar da comunicação. Alguns falarão mais do que outros, mas não deverá ser permitido que nenhum deles domine ou que se esconda atrás do silêncio. A atmosfera familiar precisa proclamar que todos têm permissão para falar e dizer o que pensam, sentem ou precisam.

Os pais precisam assumir um papel de liderança para que possam saber o que todo mundo pensa e sente a respeito das questões que estão sendo discutidas. Todos têm de ser ouvidos e ter a chance de falar, até mesmo as crianças pequenas. Somente então os pais poderão tomar decisões ou fazer sugestões realistas sobre assuntos que dizem respeito à família.

É nesse tipo de comunicação familiar que os membros da família adquirem as habilidades necessárias para que possam conversar uns com os outros e também aprendem a arte de ouvir com atenção. Nessa atmosfera, as pessoas tomam conhecimento da ligação emocional e vivenciam a intimidade familiar quando compartilham, nos níveis mais profundos, sua dor, alegria, tristeza, afeto, raiva, medo, arrependimentos, fracassos e sucessos. Os membros da família aprendem a conviver com a controvérsia, opiniões divergentes e personalidades diferentes. Essa experiência de comunicação ajuda os membros da família a desenvolverem as habilidades necessárias para que formem os relacionamentos que terão na própria vida. As habilidades de comunicação adquiridas na família são, então, levadas para a vida. Muitas pessoas não conseguem formar ou manter relacionamentos porque carecem das habilidades necessárias, já que não as assimilaram no seio de sua família.

Todos precisam identificar as habilidades de comunicação e de ouvir com atenção que aprenderam ou deixaram de aprender, e destrinchar bons e maus aspectos da comunicação na família. Precisam se livrar de maus hábitos de comunicação e desenvolver bons hábitos, enquanto aprendem mais a respeito da comunicação e do ouvir com atenção a partir do abundante material disponível hoje em dia. Com demasiada frequência, é somente quando surge a discórdia entre os cônjuges ou na família que as pessoas começam a lidar com os problemas de comunicação, procurando, então, o aconselhamento e as informações de que precisam. Todo mundo tem a capacidade concedida por Deus de se comunicar e escutar, bem como de aprimorar as habilidades de ouvir com atenção.

CONFLITO

Outra dinâmica que é realidade em qualquer família é o conflito. O conflito está especialmente presente quando os membros da família se comunicam de uma maneira franca e sincera, por meio de uma comunicação clara e direta que não apenas esclarece as questões, como também traz à tona as divergências. Por mais doloroso e difícil que possa ser esse conflito, ele tende a resultar em uma família mais saudável e funcional.

Quantas vezes já não ouvimos falar em supostas famílias "quietas" que, de repente, explodiram em uma terrível violência? Considerando-se a falta de comunicação, isso estava fadado a acontecer. Ou então a família pode externar outros problemas, físicos ou psicológicos, que são sintomas de conflitos subjacentes.

Certa quantidade de conflito é necessária para preservar a família e manter os membros em contato uns com os outros. (Estamos novamente falando sobre o conflito apropriado, e não a respeito da violência ou do abuso emocional, que criam um conflito que fica fora de controle.) As crianças precisam aprender desde cedo, em família, que tanto a raiva quanto o conflito apropriados são uma parte essencial de uma família saudável e funcional, e que são uma parte normal da vida. Somente com a orientação de pais que entendem e se envolvem pessoalmente no conflito apropriado é que as crianças aprendem a integrar o conflito e a raiva à sua vida e aos seus relacionamentos.

Nas famílias nas quais a raiva e o conflito são permitidos e monitorados, as pessoas conseguem, com o tempo, consolidar sua própria identidade. Membros de famílias nas quais os membros estão de tal maneira enredados uns com os outros, a ponto de serem excessivamente cordatos e agradáveis, mas que não têm uma opinião própria, têm medo de expressá-la ou evitam a desarmonia a todo custo, não são capazes de amadurecer e crescer emocionalmente. Eles são clones uns dos outros. Por outro lado, os membros de famílias que se encontram em conflito contínuo e destrutivo estão feridos e carregarão o conflito e a raiva não resolvida para as relações com outras pessoas em sua vida.

AUTOCONFIANÇA

As características dinâmicas da autoconfiança são a base do sentimento de segurança na família. Hoje em dia, os pais estão submetidos a uma forte pressão da sociedade, sociedade esta cujos valores podem ser contrários aos deles. Pais desprovidos de autoconfiança, que discordam um do outro podem passar aos filhos uma mensagem confusa sobre as questões de valor, ou simplesmente não passar nenhuma mensagem. Em certo sentido, esse é um tipo de abandono e descuido emocional. Se os pais são inseguros, podem facilmente se dobrar às exigências questionáveis dos filhos ou simplesmente se colocar em segundo plano na vida deles, deixando-os à deriva, confusos, porque estão inseguros com relação ao que dizer ou fazer.

Todos os pais cometerão sua parcela de erros, mas a confiança que os bons pais têm em si mesmos contribuirá para uma segurança que será valorizada pelos filhos, mesmo que estes não verbalizem esse sentimento. Podem até mesmo expressar raiva para os pais ou discordar deles. Pais confiantes geram filhos confiantes. Pais ansiosos geram filhos ansiosos e inseguros de si mesmos. As crianças precisam de uma orientação firme e norteadora dos pais a fim de se tornarem adultos saudáveis e autoconfiantes.

CONTROLE E COERÊNCIA

Uma poderosa dinâmica de controle e coerência parental emana da dinâmica anteriormente mencionada. O controle parental saudável exige que os pais tenham um conhecimento abrangente dos seus filhos; que saibam quem são e onde estão, o que está acontecendo na vida deles e o que eles pensam, sentem e precisam. Significa que os pais estão presentes para os filhos, conversando com eles e, acima de tudo, ouvindo-os com atenção. Significa ser capaz de dizer não e lidar com os argumentos, com a raiva e com as lamúrias deles.

O controle é amparado pela coerência, o que quer dizer que os pais agem, pensam e se comportam de uma maneira previsível. Eles não são controlados por oscilações de humor ou mudanças inconstantes do seu modo de pensar e no raciocínio, pois essas coisas são muito confusas para as crianças. No lar existe ordem, programação e limites, para que as crianças saibam o que esperar dos pais. Isso desenvolve nelas um sentimento de segurança e confiança nos pais. É possível haver flexibilidade nesse tipo de família, mas somente quando ela é inerente a uma atmosfera doméstica coerente sob outros aspectos.

As crianças são incoerentes e costumam ter variações de humor, especialmente na adolescência. Os pais precisam controlar a si mesmos para não serem absorvidos pelo comportamento instável dos filhos. Estes precisam que os pais lhes forneçam estrutura e limites. As crianças colocarão os pais à prova de muitas maneiras, o que é perfeitamente normal, mas os pais precisam compreender esse fato, lidar com ele e insistir na questão disciplinar imediata. O mau comportamento deve ter consequências, e tudo o que acaba de ser dito precisa ser acompanhado por um diálogo com as crianças que esclareça o que aconteceu. Quando essa atmosfera de abertura não está presente, a insegurança se manifestará por meio de um comportamento caótico, ansiedade e raiva.

A disciplina é uma experiência dedicada e amorosa, necessária para as crianças. Disciplina não significa obrigatoriamente punição, como muitos adultos acham. A palavra deriva do vocábulo latino *discere*, que significa ensinar, treinar, liderar. A disciplina se tornou uma arte perdida entre muitos pais, que estão frequentemente reagindo contra a disciplina rígida e severa de sua infância. Hoje, optam simplesmente por não disciplinar, de modo que educam os filhos de uma maneira excessivamente indulgente e permissiva. Tudo isso, por sua vez, produz crianças ansiosas, inseguras e infelizes, bem como zangadas e, não raro, descontroladas.

O controle e a coerência por parte dos pais estabilizam uma atmosfera de ordem; e onde existe ordem, existe amor e confiança, e os relacionamentos podem se desenvolver. Os pais disciplinados – pais que têm controle sobre a sua própria vida – são capazes de disciplinar os filhos. Assuma primeiro o controle de si mesmo, e depois você poderá controlar seus filhos.

COMPROMISSO

Finalmente, a dinâmica que confere energia, significado e motivação a tudo o que acaba de ser dito é o sentimento do compromisso. Este envolve a dedicação à família e a determinação de fazer com que ela seja funcional, com cada membro fazendo a sua parte. Cada membro da família, do mais jovem ao mais velho, tem a responsabilidade de tornar a família funcional. Isso é compromisso. A família é um sistema, e todas as pessoas na família são essenciais para o funcionamento do sistema. "Um por todos, todos por um" deveria ser o lema de toda família. O comportamento de todos – bom ou mau – exerce um efeito no sistema familiar. É dentro dessa família que os membros adquirem o sentimento de entrosamento e passam a se sentir dignos de mérito, ao mesmo tempo em que conquistam o sentimento da própria identidade. Todos temos dois anseios: o de ter um relacionamento com um parceiro importante e o de ser uma pessoa única e exclusiva.

É na hora das refeições que os membros da família compartilham a vida do dia a dia.

Todas as famílias têm algumas características disfuncionais, algumas famílias, mais do que outras, e isso faz parte da condição humana. As características disfuncionais são passadas de geração em geração, mas cada geração pode aprimorar o sistema. Sempre há esperança. Nenhum dos membros pode modificar diretamente um sistema familiar, mas se um dos membros muda, ele pode influenciar todo o sistema familiar.

Ter expectativas realistas a respeito da família e um sentimento de compromisso para com ela prepara os filhos para formarem suas próprias famílias. Eles devem saber que sempre haverá tensão entre o anseio de estabelecer uma conexão com um parceiro importante e o de ser uma pessoa exclusiva. É somente por meio do envolvimento numa comunicação contínua e de conflitos razoáveis com o outro que a tensão pode ser mantida em equilíbrio, enquanto a pessoa e o relacionamento se desenvolvem.

A estrutura familiar é adicionalmente fortalecida pelo compromisso dos membros da família de fazerem as refeições juntos. É na hora das refeições que os membros da família compartilham a vida do dia a dia, que tem lugar a troca de informações e que distorções são corrigidas. Os membros da família passam a conhecer uns aos outros e tomam conhecimento do que está acontecendo com cada um. A comunicação na hora das refeições pode reduzir a tensão, dissipar o conflito e a raiva, e curar mágoas. Às vezes, os ânimos durante a refeição podem ficar exaltados, em outras ocasiões, assuntos perturbadores são trazidos à baila, outras vezes, o riso e a despreocupação afloram, e alegrias e tristezas são compartilhadas. Na realidade, a refeição compartilhada, seja uma pizza ou um jantar requintado, é o epicentro para que os membros da família vivenciem uns aos outros. Além da comida, vidas também são compartilhadas.

No mundo agitado de hoje, no qual as famílias estão envolvidas com múltiplas atividades e o pai e a mãe trabalham fora, planejar refeições em família pode ser difícil. Os pais precisarão ter uma forte determinação para organizar essas refeições pelo menos em alguns momentos escolhidos na semana. As crianças poderão resistir, de modo que os pais confiantes e convictos precisam ser coerentes e firmes ao colocar seus planos em prática. No final, a família extrairá um enorme benefício dessas refeições conjuntas. As crianças não apenas apreciarão esses momentos, como também esperarão ansiosas por eles. As refeições serão lembradas durante muitos anos, pois os filhos costumam seguir a tradição das refeições em comum nas suas próprias famílias.

O esforço das pessoas para estarem em casa para as celebrações em família, especialmente no Dia de Ação de Graças e no Natal, fornece uma evidência mais do que suficiente da profunda importância emocional que está vinculada à refeição em família. Pode ser uma experiência espiritual que eleva as pessoas além dos aspectos dolorosos da vida, estimulando a cura e o perdão, e mantendo as pessoas unidas nos bons e nos maus momentos.

Outra força aglutinante na família é o compromisso de compartilhar e expressar aceitação, aprovação, afeição, reconhecimento e gratidão. Essas fibras estão entrelaçadas para formar uma fibra que mantém coeso o sistema familiar, mesmo nas piores tempestades e tragédias. Essas características, ou melhor, virtudes, são frequentemente aceitas como coisa natural e consideradas parte da família, mas, infelizmente, em muitos casos, estão ausentes. Somadas a essas características virtuosas estão a cortesia e as boas maneiras, que são a base do autorrespeito e do respeito pelos outros. Algumas pessoas adquirem essas qualidades mais naturalmente do que outras, mas, em ambos os casos, precisam ser desenvolvidas e praticadas, caso contrário, se dissiparão.

As características de uma família saudável fazem as pessoas saírem da concha, ao mesmo tempo em que reconhecem os outros. Esses atributos curam, aglutinam e favorecem a intimidade. Promovem um sentimento de entrosamento, de merecimento, além de desenvolverem um senso de individualidade. Os membros da família percebem sua dignidade singular. Essas virtudes são, com frequência, negligenciadas nas famílias, consideradas secundárias ou expressas somente para os amigos, quando, na verdade, são a base de uma família saudável e funcional. Jesus resume isso muito bem: "Onde dois ou três estão reunidos em meu nome, aí estou eu no meio deles" (Mateus 18,20).

14.

GRATIDÃO

A gratidão é uma característica própria da pessoa amadurecida e do cristão autêntico. A gratidão tem uma visão da bondade de Deus como ela se manifesta em todas as maravilhas da criação, na história do mundo, na nossa vida, na nossa família e em todas as pessoas. A gratidão reconhece as realidades do mal e da injustiça no mundo, mas é capaz de transcendê-las porque sempre lembra o bem. A gratidão gera a esperança de que o bem sempre vencerá o mal, e que as pessoas, embora sejam imperfeitas, são basicamente boas e talentosas. A gratidão expressada é um aspecto fundamental de todos os relacionamentos, especialmente dos mais próximos. Une pessoas e cura relacionamentos feridos.

Uma maneira garantida de manter o equilíbrio entre o modo como percebemos o mundo que nos cerca e a harmonia dentro da nossa vida é ser uma pessoa agradecida. A gratidão nos ajuda a encarar o bem e o mal de uma maneira objetiva, evitando que nossa visão da vida se torne limitada e intolerante.

Ela nos mantém animados, ao mesmo tempo em que conserva a bússola da nossa vida apontada na direção correta, para que possamos fazer ajustes quando as tempestades da vida nos lançarem fora do nosso rumo. A gratidão é um antídoto para os sentimentos de desesperança e desamparo que às vezes sentimos quando enfrentamos problemas e tragédias. Ela nos estimula e nos confere coragem para avançar.

A gratidão traz paz para o nosso coração.

Estar sempre agradecidos pelas inúmeras dádivas que Deus nos concedeu aprofunda nossa consciência da presença dele em nossa vida. É desconcertante e desalentador ver que pessoas que foram abençoadas com tantas coisas permanecem amargas ou zangadas, e se afastam de Deus quando circunstâncias trágicas e injustas se abatem sobre elas. Depois do choque inicial da tragédia e da perda, não raro, mergulham na dor, na raiva e na depressão. Não são capazes de encontrar uma maneira de se estabilizar e seguir em frente, passando pelo evento doloroso.

A gratidão não pode remover um desastre doloroso, mas pode nos ajudar a atravessar a tragédia e os sentimentos dolorosos de uma maneira equilibrada. A gratidão relembra os bons momentos do passado: os benefícios, as realizações, as lembranças felizes. A gratidão pode reconstruir a esperança, que produz em nós a capacidade de lidar com as dificuldades do presente e com as perdas da vida. Somente uma atitude de gratidão pode trazer um pouco de sensatez à loucura que nos cerca. A gratidão nos ajuda enquanto sofremos as inúmeras perdas de nossa vida, o que nos leva a valorizar ainda mais profundamente as dádivas e as bênçãos que desfrutamos. A gratidão faz parte da maneira como reagimos à vida e às suas perdas.

A gratidão me foi de grande auxílio enquanto eu lamentava a perda recente de minha mãe. Suas nobres qualidades aguçaram meu sentimento de gratidão por Deus e por ela, o que desempenhou um importante papel na minha capacidade de sofrer a sua perda. A gratidão está me ajudando a superar a tristeza e outros sentimentos resultantes do seu falecimento.

Não negamos a presença do mal e do sofrimento na vida, mas não permitimos que eles nos dominem. Se eles o fizerem, precisaremos então assumir a responsabilidade por deixar que eles nos subjuguem e controlem nossa vida. Temos dentro de nós o poder necessário para enfrentar essas situações. Reconhecer e ser grato por esse poder fortalece nossa determinação de sermos fortes.

A gratidão também nos mantém equilibrados nos nossos relacionamentos importantes. Quando somos magoados, temos a tendência de nos concentrar na ofensa que outras pessoas nos infligiram, o que, por sua vez, bloqueia todo o bem e o amor que elas nos demonstraram. Tentar recordar a bondade e o amor delas, e ser-lhes agradecidos, nos ajuda a curar a mágoa e neutralizar a raiva, ao mesmo tempo em que aceleramos o perdão e a reconciliação. A gratidão não é uma varinha mágica, mas pode ser uma vantagem quando tentamos estabilizar nossos pensamentos, bem como um bálsamo curativo para nosso espírito machucado. A gratidão traz paz para nosso coração e para o coração dos outros. Um mero "obrigado" coloca um sorriso no rosto das pessoas e nos confere um sentimento de satisfação.

Quando expressamos gratidão para outra pessoa, reconhecemos seu valor; ela sente que tem merecimento. Ser agradecido suaviza a amargura, diminui a frustração, refreia a impaciência e alegra o coração. Esse é o calor e a proximidade que as pessoas sentem no Dia de Ação de Graças. Depois do Natal, esse feriado comemorativo é o mais celebrado nos Estados Unidos. O Dia de Ação de Graças manifesta a profunda necessidade que os americanos têm de expressar gratidão, uns para com os outros e para com Deus.

Todo mundo deseja ser feliz e merece encontrar algum grau de felicidade nesta vida. A felicidade é uma característica que vem de dentro. Somos responsáveis pelo seu desenvolvimento. Ninguém pode dá-la para nós. Ninguém, além de nós, pode nos fazer felizes. Com demasiada frequência, as pessoas buscam a felicidade nos outros e nos bens materiais. Esse é um grande erro que conduz a um sem número de frustrações.

Pessoas felizes geralmente têm uma percepção mais aguçada da bondade e das bênçãos em sua vida.

Repare que quanto mais gratas as pessoas são, mais felizes elas parecem ser. Expressam contentamento, satisfação e reconhecimento pelo sucesso, bondade e dádivas que a vida lhes proporciona. A felicidade gera mais felicidade, e é alimentada pela gratidão. "Não é a felicidade que nos torna agradecidos. É a gratidão que nos torna felizes" (David Steindl-Rast).

Não é incrível como muitas pessoas que parecem ter tudo são infelizes? Elas não expressam o sentimento de gratidão que poderia influenciar para sempre seu estado de espírito. No entanto, existem aquelas que têm pouco, mas são felizes porque são gratas pelo que têm. A diferença reside na atitude de gratidão.

Algumas das nossas memórias perturbadoras dizem respeito a pessoas a quem fizemos muito bem, a quem estendemos a mão quando estavam necessitadas e ao lado de quem ficamos em momentos de angústia. No entanto, elas talvez tenham se afastado de nós em alguma ocasião na qual talvez tenhamos causado desapontamento ou ofensa. Às vezes, a mágoa delas pode ser imaginária. Onde está a justiça de tudo isso? Pode ser que essas pessoas estejam agora magoadas e zangadas; mas o bem que fizemos a elas no passado não conta? Foi esquecido? A gratidão não deve ser um motivo para misericórdia, compaixão e compreensão? Essa experiência pode ser muito dolorosa. No entanto, nunca devemos nos permitir sentir amargura por causa dessa ingratidão. De preferência, devemos resolver ser pessoas mais corteses, generosas e agradecidas.

Sem dúvida, o fato de um amigo nos ofender gravemente pode ser suficiente para romper um relacionamento, mas nunca devemos nos esquecer das coisas boas que a outra pessoa fez por nós. Essa lembrança pode nos ajudar a administrar a mágoa e a raiva que sentimos. As memórias agradáveis precisam ser relembradas enquanto lamentamos a perda de relacionamentos.

Uma das pessoas mais frustrantes que encontramos na vida é aquela que vive se queixando. Ela nunca está satisfeita ou em paz. Para ela, a felicidade é uma arte perdida. Essa pessoa é a personificação do descontentamento. Suas críticas e negatividade são para ela um incentivo que a faz vicejar. O copo está sempre meio vazio. O espírito de gratidão está ausente da vida dela. Essas pessoas são ansiosas e, não raro, sofrem por profundas feridas.

Não podemos nos deixar contaminar por esse tipo de pessoa. Ao desenvolver uma atitude de gratidão, podemos impedir que essa doença nos aflija, assuma o controle da nossa vida e nos torne pessoas infelizes.

ALIMENTANDO UMA ATITUDE DE GRATIDÃO

Apresento a seguir algumas sugestões que poderão ajudá-lo a alimentar uma atitude de gratidão. Primeiro, seja grato pelo que você tem. Diga, com frequência, obrigado aos outros. Olhe para o lado radiante da vida sem negar seu aspecto mau, nocivo e injusto. Perceba a sua prosperidade. Expanda sua visão da vida enxergando a realidade mais ampla, divisando bem e mal. Observe as coisas de uma maneira objetiva.

Precisamos louvar e agradecer a Deus na vida do dia a dia, fazendo o mesmo uns com os outros. Não devemos jamais partir do princípio de que os outros sabem que somos gratos. Temos de dizer repetidamente "obrigado". As outras pessoas precisam ouvir isso. A gratidão é uma fonte de conexão, cura e reconhecimento em todos os nossos relacionamentos, especialmente no casamento e na família.

O primeiro lugar onde aprendemos a ser agradecidos é na família.

O caráter das pessoas pode ser determinado pela presença ou ausência da gratidão na vida e nos relacionamentos delas. A gratidão que é expressa, que emana do coração e da alma, caracteriza a pessoa amadurecida. Essa gratidão se expressa não apenas nas palavras, mas também no comportamento cortês, leal e sincero.

O pilar dos relacionamentos sólidos é a gratidão expressada, que exprime respeito e consideração pelos outros. A gratidão nos ajuda a transcender as mágoas que sentimos no casamento e na família, ao mesmo tempo em que transforma esses relacionamentos. A gratidão cura nossas feridas e os abalos dentro de nós e dos nossos relacionamentos. A gratidão nos conforta e nos faz sorrir, eleva nosso espírito e pode até mesmo nos conferir um maior sentimento de gratidão e generosidade para com os outros. A simples palavra "obrigado" tem o poder de transformar a vida das pessoas.

A gratidão também pode atuar como um antidepressivo, para bloquear a desesperança e o desamparo. Ao reconhecer o que temos agora e também as inúmeras coisas boas do nosso passado, entre elas os problemas que resolvemos, podemos levantar nosso ânimo. Todos esses pensamentos e lembranças positivos podem promover o otimismo, o que, por sua vez, fortalece nossa autoconfiança e a certeza de que a presença de Deus está atuando em nossa vida.

Jamais receberemos toda a gratidão e reconhecimento que merecemos. Precisamos ter expectativas realistas. Esse fato é especialmente importante para as pessoas que cuidam profissionalmente de outras e, acima de tudo, para os pais. De acordo com a minha experiência, nossa época parece presenciar, mais do que qualquer outra, essa ingratidão e insensibilidade nos filhos. Os pais, às vezes, deixam de ensinar aos filhos que eles devem ser agradecidos e expressar gratidão. O primeiro lugar onde aprendemos a atitude da gratidão é na família. Os pais não apenas precisam ensinar os filhos a serem gratos, como também precisam expressar a própria mágoa e desapontamento quando eles não se mostrarem agradecidos. Ao fazer isso, os pais não estão provocando um sentimento de culpa nos filhos, mas sim tornando-os sensíveis a um aspecto muito importante dos relacionamentos humanos saudáveis e da vida cristã em família.

Os pais de hoje são frequentemente criticados por mimar demais os filhos, satisfazendo seus desejos de bens materiais. Às vezes, esse mimo representa o jeito dos pais de compensar sua infância, na qual foram privados de muitas coisas. Em outras ocasiões, é uma compensação para a ausência emocional e física na vida dos filhos. Em ambos os casos, os pais parecem recuar da ideia de pedir ou esperar gratidão. Por acaso esperam que os filhos sejam espontaneamente gratos? A espontaneidade resulta da educação e está radicada na disciplina sistemática.

Em última análise, os pais têm a responsabilidade de impregnar os filhos de um espírito de gratidão por meio das palavras, ensinamentos e exemplo. A gratidão será uma característica importante na personalidade dos filhos. Ela fará diferença na vida deles no que diz respeito ao amadurecimento emocional, à qualidade dos relacionamentos e à maneira como percebem um Deus benevolente. A atitude de gratidão aprimora a atmosfera de respeito, sensibilidade e união na família. A gratidão confere propósito para que os membros da família venerem Deus juntos aos domingos.

Vale a pena repetir: a atitude de gratidão pode nos transformar. Na condição de pessoas agradecidas, nos tornamos mais corteses, generosos, calorosos e solidários com os outros, fazemos menos críticas negativas, damos mais valor ao que temos e ficamos mais sensíveis às coisas boas que os outros fazem por nós. Nós nos conscientizamos mais e nos tornamos mais sensíveis à bondade nas outras pessoas; e, acima de tudo, nós nos tornamos receptivos à bondade, ao amor, ao perdão, à misericórdia e à compaixão de Deus que vive entre nós e a quem chamamos de Pai.

ÍNDICE